LES HUILES ESSENTIELLES

Nelly Grosjean

LES HUILES ESSENTIELLES

Deuxième édition

EYROLLES

Éditions Eyrolles
61, bd Saint-Germain
75240 Paris Cedex 05
www.editions-eyrolles.com

Mise en pages : Istria

ISBN : 978-2-212-56170-8

SOMMAIRE

AVANT-PROPOS

La libération de la femme, un grand vent de liberté dans le monde et l'on commence déjà à parler des huiles essentielles dans les milieux branchés en Californie ; c'était il y a presque cinquante ans, en 1968 ! En 2012, un élan de spiritualité embrase secrètement une partie du monde ! Et aujourd'hui, un monde avec faim d'écologie active, une nouvelle conscience collective s'éveillent… Retraites ayurvédiques, cures de détox, séminaires de mieux vivre, séances de développement personnel sont à la mode… Les huiles essentielles entrent dans les maisons et les bureaux, s'invitent enfin dans la pharmacie familiale, et aussi dans les cliniques vétérinaires, le cabinet des médecins esthétiques, des ostéopathes comme des homéopathes, des guérisseurs, des magnétiseurs, et jusque dans la… cuisine !

Je rentre d'un court voyage en Asie, en passant par le Japon, la Chine, la Corée du Sud et l'Indonésie… et je m'émerveille de l'ouverture nouvelle à l'aromathérapie, l'utilisation des huiles essentielles en « thés » et en *way of life*. Des boutiques entières proposent des compositions d'huiles essentielles pour régénérer la maison, diffuser des odeurs naturelles qui font du bien au moral comme au physique… La cuisine crue aromatique, le *raw food*, est sérieusement mise en avant avec des concepts de restos-boutiques souvent avant-gardistes. À Hong Kong, à Shanghai, à Tokyo ou à Osaka, les restaurants et les écoles de *raw food* fleurissent partout et sont tendance… Il est de bon ton d'y être vu en dégustant son *green juice*, d'adorer le basilic, la coriandre ou la menthe dans les salades, le *sisho* sur les sashimis de légumes… et les smoothies aux huiles essentielles dynamisantes ! Tendance oui, cependant la démarche écologique et/ou de santé au naturel est le premier élément du choix délibéré de la « cruisine » vivante… !

Les huiles essentielles me sont aussi demandées, pour qui, devinez ? Pour les « temples » au Japon, ou même en Chine… et je suis très émue de proposer des « arômes tout naturels » pour Bouddha et ces dieux qui nous guident… Je dis « *I spray love* », je diffuse tout simplement de l'amour en diffusant des huiles essentielles. Je formule aussi des parfums pour les mariages ; en effet, en Asie, c'est l'un des moments forts de la vie, le plus précieux, le plus beau, le plus étonnant, et les huiles essentielles sont de la fête, apportant une réelle note d'amour, de joie, de douceur, de tendresse et de passion authentique…

Le propos premier de l'utilisation des huiles essentielles est de permettre ou de faciliter le lien, d'ouvrir la porte entre les humains et les dieux. Depuis l'Antiquité, plantes, fleurs, encens, bois, macérations ont toujours fait partie des rites spirituels… Chez les Amérindiens, la sauge purifie les novices avant la prière ; en Inde, les moxas de sauge ou d'armoise régulent le flux des méridiens ; chez les chrétiens, l'encens, la myrrhe, l'hysope sont des cadeaux royaux ; les grecs orthodoxes utilisent le basilic pour disperser les négativités ; en Chine et en Inde, la rose était réservée aux princesses et aujourd'hui, elle est toujours le grand *must* des femmes asiatiques… À Copenhague, on a plaisir à passer trois heures en rentrant du travail dans un sauna – c'est le « café des nordiques, le sauna guss », des concours y sont organisés pour créer une composition aromatique qui sera dispersée sur une serviette que l'auteur fera tourner dans la pièce pour en diffuser l'arôme tout en expliquant pourquoi il a choisi telle huile essentielle ; des sessions de trois fois vingt minutes permettent de nettoyer, régénérer, relaxer ou tonifier… toujours grâce à nos incontournables huiles essentielles !

Dans cette nouvelle édition d'aromathérapie naturelle, je suis heureuse de vous proposer de toutes nouvelles recettes, de petits « trucs » aromatiques pour faciliter une vie belle et heureuse… et toujours mon rituel aromatique de « frictions » et d'« odorations » du matin et du soir, car il est le vrai gage d'une santé joyeuse et dynamique.

Les huiles essentielles sont particulièrement actives : il est important de respecter les doses et les bonnes pratiques d'utilisation pour obtenir, sans inconvénient, tous les résultats positifs attendus.

Certaines personnes peuvent présenter des réactions « dites » allergiques (rougeurs, eczémas…). Ce sont souvent des réactions d'élimination. Il est bon de continuer en respirant les HE (huiles essentielles) au moyen d'un diffuseur d'arômes plutôt que de les appliquer sur la peau ou encore de les ajouter dans les boissons quotidiennes en thés aromatiques. Unc attention particulière est à noter : la plupart des HE doivent être diluées dans une bonne huile végétale avant d'être appliquées sur la peau. Les Asiatiques ont des peaux plus sensibles que les Européens et de ce fait doivent diluer également leurs compositions aromatiques.

Certaines personnes, attirées généralement par les HE, sont en accord parfait avec un traitement aromatique à un moment donné. À d'autres périodes, une méthode holistique autre que l'aromathérapie peut s'avérer préférable.

Les recettes proposées dans ce livre ne concernent pas les femmes enceintes, il existe des recettes spéciales pour la période de la grossesse et pour les enfants[1] : les HE de sauge officinale, persil, rue sont à éliminer totalement pendant la grossesse.

Je vous souhaite une bonne lecture et une magnifique utilisation de nos précieuses compagnes : les huiles essentielles naturelles, bio, sortant de l'alambic !

1. Lire les deux ouvrages de Nelly Grosjean : *L'aromathérapie et la femme enceinte* et *L'aromathérapie et les enfants*, Éditions 5 ml, 2005.

PARTIE 1

DÉCOUVRIR LES HUILES ESSENTIELLES

CHAPITRE 1

INTRODUCTION À L'AROMATHÉRAPIE

Au programme

- **Petite histoire de l'aromathérapie**
- **L'aromathérapie... aussi pour les animaux**
- **Qu'est-ce qu'une huile essentielle ?**

Étymologiquement, le mot « aromathérapie » signifie le traitement des maladies (thérapie) par les arômes (essences ou huiles essentielles de plantes aromatiques). L'aromathérapie est l'une des techniques de médecine naturelle, alternative ou holistique. Autant préventive que curative, elle soigne, réénergétise et rééquilibre avant tout le terrain. Généralement prescrites par les médecins naturopathes, ostéopathes et biothérapeutes, les huiles essentielles sont utilisées également par tous en prévention et en soin, quotidiennement ou en cure, avec de grands résultats pour les humains comme pour les animaux.

Petite histoire de l'aromathérapie

De tout temps et sur les cinq continents, les hommes ont utilisé les plantes pour prévenir ou guérir des maladies. Il y a plus de soixante mille ans, les peuplades primitives enterraient déjà leurs morts en les recouvrant de fleurs (fouilles des cavernes de Shanidar).

De Sumer à la Perse

Il y a 5 000 ans, à Sumer, la médecine sacrée, redécouverte par Marguerite Enderlin, sumérologue française, utilisait la naturopathie, la phytothérapie, l'astrologie et l'aromathérapie. L'application d'huiles essentielles était couramment utilisée pour entretenir la santé, rétablir la circulation du « souffle de vie » (énergie vitale), favoriser la « vivification » (guérison).

En Chine, le dieu-empereur Shen Nung qui règne sur la Chine vers 2 800 avant J.-C. donne aux hommes la science de la botanique et rédige le *Pen ts'ao*, dans lequel il livre de nombreuses recettes d'herbes médicinales.

Confucius (environ 551 à 479 avant J.-C.) parle d'hygiène corporelle utilisant les fleurs, prône la pratique salutaire des bains, des douches et des massages, nous apprenant que « coït » signifie « bataille de fleurs ».

En Inde, l'*Ayurveda*, le grand livre médical écrit par Brahma, et encore consulté de nos jours, accorde une place importante aux plantes, aux souffles (respiration) et aux énergies.

En Égypte, au temps des pharaons, les principes de la médecine égyptienne étaient réunis dans les papyrus dits « Ebers », découverts dans les ruines de Louksor à Thèbes en 1873 et qui témoignent des propriétés de la marjolaine, de l'origan, de la cannelle, du genévrier, de la menthe… et des préparations de fleurs et d'essences. Ces trésors archéologiques donnent une liste de remèdes et présentent la somme du savoir médical de cette époque.

En Grèce, Théophraste écrit *Le traité des odeurs*. Chiron, Asclépios, Héraclès, Esculape, Panacée donnent des recettes à base de plantes. Aristote, tout philosophe qu'il était, n'en dressa pas moins une liste de 500 plantes dont il avait étudié les vertus médicinales.

À Rome, les huiles aromatiques entrent dans les élixirs de jeunesse et le peuplier est la plante sacrée d'Hercule. Caton l'Ancien, Pline puis Celse, au début de notre ère, présentent les connaissances de leur temps en matière de plantes et de drogues. Grand voyageur, Dioscoride (Ier siècle après J.-C.) recense près de 520 espèces de plantes. Ce traité fit autorité jusqu'à la Renaissance.

En Perse, Avicenne (980 après J.-C.) relate qu'en étudiant les plantes médicinales, il découvre le moyen de préparer par distillation des essences volatiles d'herbes et de fleurs. Avicenne fut donc l'inventeur de la distillation et son *Canon de la médecine* demeura longtemps un ouvrage de référence dans toute la civilisation médiévale.

Du Moyen Âge à nos jours

Au Moyen Âge, seuls les monastères et les maisons nobles possèdent un « herbularia », un jardin d'herbes, précieux enclos entouré de murets qui délimitent le « carré des simples ». On appelle « simple » le remède tiré d'une seule plante pour le distinguer des remèdes composés que fabriquent alors les apothicaires. C'est encore l'époque où l'on cherche obstinément la panacée, c'est-à-dire le remède universel, car si les plantes servent à se nourrir et à décorer les maisons, on n'ignore plus, depuis l'Antiquité, qu'elles possèdent aussi de très grandes vertus médicinales.

Au XIIe siècle, le *Livre des simples médecines*, établi par les savants de la célèbre école de Salerne, est une véritable pharmacopée méridionale et consigne toutes les connaissances dans le domaine de la médecine. Plus tard, au XVe siècle, le codex des apothicaires dresse une liste exhaustive des remèdes.

Ce n'est qu'au début du XVIe siècle que les usages internes et externes des huiles d'herbes aromatiques figurent dans certains traitements. Les essences d'herbes aromatiques sont alors considérées comme le pur esprit de la plante. Elles agissent aussi bien sur les pensées et les émotions que sur le corps physique. On insiste également sur l'importance d'une médecine préventive, spécialement en ce qui concerne l'alimentation, suivant le célèbre principe d'Hippocrate : « Que la nourriture soit votre médecine. »

Au début du XXe siècle, le renommé chercheur René Gattefossé établit les règles précises et scientifiques d'une aromathérapie moderne et responsable. Avec une grande probité, son élève, le professeur Sevelinge, poursuit son œuvre et conforte la pertinence de l'utilisation de l'aromathérapie dans les domaines vétérinaires, phytosanitaires et en médecine humaine. Par la suite, le docteur Valnet rend public la plupart des travaux de son illustre prédécesseur dans des ouvrages qui rencontrent un vif succès auprès des lecteurs du monde entier.

L'aromathérapie… aussi pour les animaux

Au début du XXe siècle donc, avant d'être utilisées pour la prévention et le traitement des maladies chez l'être humain, les huiles essentielles le furent pour soigner les animaux grâce aux nombreux et excellents travaux et recherches des professeurs Gattefossé et Sevelinge que nous venons d'évoquer.

Auparavant, de nombreux écrits, datant entre autres du XVIIIe siècle, mentionnent des potions vétérinaires à base de plantes, qui furent utilisées notamment par l'École de cavalerie de Saumur.

Chats, chiens, chevaux et animaux d'élevage peuvent profiter des propriétés étonnantes des huiles essentielles aromatiques.

Les effets sont immédiats et les résultats soutenus. Elles sont un parfait complément aux bons soins de l'animal. Anti-infectieuses et antiseptiques dans leurs propriétés principales, les huiles essentielles s'appliquent en prévention et en traitement curatif des maladies classiques et spécifiques des animaux.

Tout comme chez l'être humain, l'utilisation des huiles essentielles chez les animaux est un complément rapide et efficace d'une bonne hygiène de vie, d'une alimentation saine, adaptée et, bien sûr, des conditions de liberté et de propreté indispensables.

Tous les animaux ont une alimentation spécifique en fonction de leur morphologie et de leur fonctionnement organique. L'oiseau a un jabot fait pour manger les graines ; le lion des reins qui éliminent entre autres les déchets ammoniacaux engendrés par la digestion des protéines animales et le cheval se nourrit de grains et de légumes.

Pour les animaux familiers, nous insisterons sur une alimentation saine, crue et non dénaturée. Il faudra généralement ajouter des compléments alimentaires (à cause de la sédentarité, de la pauvreté des prairies et d'une consommation d'aliments généralement peu nutritifs). Pensez aux graines germées et sels minéraux pour enrichir leur alimentation.

Les huiles essentielles augmentent la résistance aux maladies. Pour les animaux d'élevage en batterie et autres élevages intensifs, les huiles essentielles seront utilisées principalement en diffusion, avec des aérosols, diffuseurs d'arômes ou dans les circuits d'aération, chauffage ou climatisation.

Un livre de recettes aromatiques ne peut se substituer au diagnostic et traitement de votre vétérinaire. Dans tous les cas d'utilisation d'huiles essentielles, conformez-vous aux « recettes » très précises du livre[2] ou aux prescriptions d'un vétérinaire holistique. Aujourd'hui, la plupart des vétérinaires

2. Lire *Je soigne mon animal par les huiles essentielles* de Nelly Grosjean à télécharger sur le site www.nellygrosjean.com

ouverts à l'aromathérapie pratiquent souvent l'homéopathie, l'ostéopathie, et tiennent compte des rapports « émotionnels ou relationnels » de l'animal et de son maître appelé plus justement « le gardien ». De plus, l'aromathérapie s'associe parfaitement à un traitement homéopathique ou autre traitement alternatif.

Qu'est-ce qu'une huile essentielle ?

L'huile essentielle est le produit noble résultant de la distillation d'une plante aromatique (par exemple la sauge), d'une fleur (par exemple la rose), d'une semence (par exemple la carotte), d'un bois (par exemple le santal), d'un fruit (par exemple la bergamote), d'une baie (par exemple le genièvre) ou encore d'une sève d'arbre (par exemple la térébenthine).

Il existe différentes méthodes pour « capturer » les essences, variant selon la nature de la partie de la plante distillée (fleur, racine, écorce, feuille ou baie) : la distillation pour les plantes entières, racines, bois, graines et certaines fleurs ; l'enfleurage pour les fleurs fragiles, comme le jasmin, la violette, la rose de mai ou le mimosa et l'expression mécanique pour obtenir les essences d'agrumes.

À noter

Pour l'usage en aromathérapie, seules les huiles essentielles obtenues par distillation à la vapeur lente et/ou par expression mécanique satisfont aux normes strictes « d'huiles essentielles aromatiques à usage thérapeutique », sortant de l'alambic, certifiées bio de surcroît, devenant les seules assurances d'un produit totalement naturel.

L'hydrosol, eau florale ou hydrolat, est le produit second de la distillation. Grâce à la différence de densité, l'huile essentielle flotte au-dessus de l'eau florale. La séparation se fait au moyen de l'essencier ou vase florentin.

La qualité de l'huile essentielle est le garant de son efficacité : préférez des huiles essentielles rigoureusement sélectionnées, provenant de plantes sauvages ou de culture biologique et des huiles essentielles « sortant de l'alambic » (ne pas confondre les huiles essentielles avec les arômes de synthèse vendus sans nom, sans garantie de qualité).

Propriétés des huiles essentielles

Véritables concentrés de principes actifs, les huiles essentielles permettent, en thérapie, des actions multiples et rapides.

Elles sont toutes antiseptiques, désintoxicantes, revitalisantes et électives (appliquée sur un endroit du corps, une huile essentielle est attirée par l'organe ou la fonction du corps le plus déficient à un moment donné). De plus, elles ont chacune des propriétés spécifiques. Les mélanges d'huiles essentielles en synergie augmentent les bienfaits des huiles essentielles par rapport à une indication précise.

Conservation

L'huile essentielle se conserve parfaitement quelques années à l'abri de la chaleur et de la lumière. Pour preuve, on a retrouvé des essences dans des doubles jarres en terre cuite dans les pyramides d'Égypte.

Des flacons de verre teinté sont nécessaires à la bonne conservation des huiles essentielles. Si après un ou deux ans, on n'utilise plus les huiles essentielles en traitement interne, elles peuvent sans inconvénient alimenter les diffuseurs d'arômes. Portons une attention particulière aux huiles essentielles d'agrumes qui s'oxydent plus rapidement que les huiles essentielles de plantes aromatiques et dont la durée de vie est inférieure.

CHAPITRE 2

COMMENT CHOISIR SES HUILES ESSENTIELLES ?

Au programme

- **Choisir en fonction des actions souhaitées**
- **Où les trouver ?**
- **Précautions d'utilisation**

Choisir en fonction des actions souhaitées

De même qu'il existe des huiles essentielles « majeures » de l'aromatogramme[3], il existe des huiles essentielles « types ». Une huile essentielle type est l'huile essentielle la plus efficace pour une affection spécifique. Pour tous, elle donnera un résultat positif. Par exemple, le carvi, huile essentielle « type » de l'aérophagie, est la meilleure des huiles essentielles pour traiter l'aérophagie.

Le tableau suivant regroupe cinquante huiles essentielles avec leurs actions principales. Il n'est pas exhaustif mais pourra être très utile. Pour plus de précisions sur les propriétés et actions

3. Créé par le docteur Jean Valnet en 1973, l'aromatogramme est une méthode de mesure du pouvoir antibactérien des huiles essentielles.

de ces huiles, vous pourrez vous référer au *Grand Livre de l'aromathérapie*[4].

Appellations communes	Actions primordiales	Actions complémentaires	Huile essentielle « type » de
Basilic	Tonique nerveux	Antispasmodique	–
Bergamote	Infections intestinales	Dermatoses	–
Bois de rose	Régénérateur tissulaire	Raffermissant, désinfectant	Peau
Bouleau jaune	Réchauffant, anti-rhumatismal	Diurétique	-
Cajeput	Affections chroniques pulmonaires	Antinévralgique	–
Camomille	Antispasmodique	Adoucissant	Sinusite
Cannelle de Ceylan	Tonique antiseptique	Stimulant sexuel	Diarrhée
Carvi	Toutes dyspepsies	Oxygénant intestinal	Aérophagie
Cèdre (bois de)	Dermatoses	Antiseptique génito-urinaire	–
Citron	Dépuratif général	Rajeunissement, augmentation des immunités naturelles	Femme
Citronnelle	Éloigne les moustiques	–	–
Coriandre	Stimulant général	–	–
Cumin	Digestif, stomachique	Carminatif (favorise l'expulsion des gaz intestinaux)	–
Cyprès	Troubles circulatoires	cellulite, couperose	Circulation
Estragon	Antispasmodique digestif	–	Hoquet
Eucalyptus	Aseptise les voies pulmonaires	Fluidifiant des mucosités pulmonaires	Respiratoire
Gaulthérie	Diurétique antirhumatismal	Soulage les douleurs	–

4. Nelly Grosjean, *Le Grand Livre de l'aromathérapie*, Eyrolles, 2013.

Appellations communes	Actions primordiales	Actions complémentaires	Huile essentielle « type » de
Genièvre	Diurétique antirhumatismal	Amincissant	Rhumatismes
Géranium	Dynamise les cortico-surrénales	Cicatrisant	Gourmands de sucre
Gingembre	Stimule les fonctions glandulaires	Ovaires, testicules	Aphrodisiaque
Girofle (clou de)	Anesthésiant, mal aux dents, stimulant mémoire	Antiseptique	Mal aux dents
Hélichryse	Anti-inflammatoire	Réduit toute contusion et hématome suite à un choc	Coups
Hysope	Affections respiratoires chroniques	Cicatrisant à usage externe	Asthme
Laurier noble	Antiviral, antiseptique, antispasmodique	Acné, peaux grasses et ulcères	–
Lavande	Calmant, antiseptique pulmonaire et cutané, cicatrisant	Régulateur du système nerveux	Petits bobos, relaxation
Lemongrass	Antiseptique tropical	–	–
Mandarine	Harmonisateur, calmant	Rafraîchissant, digestif	Sédatif des nerfs épuisés
Marjolaine	Angoisses, anxiétés, insomnie, dépressions	Calmant, régénérateur	Aliment de la cellule nerveuse
Mélisse	Antispasmodique, très difficile à trouver car trop chère		
Menthe	Stimulant général et digestif	Rafraîchissant	–
Muscade	Stimulant général et cérébral	Excitant de l'esprit et des sens	Tonique
Niaouli	Antiseptique pulmonaire	–	–
Néroli	Sédatif nerveux	Revitalisant cellulaire	Sommeil
Orange Petit grain	Sédatif nerveux	Calmant	Sommeil
Origan	Antiseptique n° 1 de l'aromatogramme	Stimulant général	Antiseptique n° 1

Appellations communes	Actions primordiales	Actions complémentaires	Huile essentielle « type » de
Palmarosa	Régénérateur tissulaire, antitranspirant	Calmant	–
Pin	Antiseptique pulmonaire	Pectoral	Toux
Ravintsara	Tonique, antiviral	–	–
Romarin	Tonique digestif et du cœur	Tonique du foie	Tonus des sportifs
Rose	Anticancer	Régénérateur tissulaire	N° 1 antirides
Santal (bois de)	Antiseptique génito-urinaire	Aphrodisiaque, soin de la peau	–
Sarriette	Stimulant intellectual et génital	Stimule la nutrition	Tonus sexuel et physique
Sassafras	Antidote du tabac		Antitabac
Sauge	Diurétique régulateur des ovaires	Antisudoral	Gynécologie
Tanaisie	Parasiticide, vermifuge	–	–
Tea tree	Fongicide, anti-mycosique	–	Mycoses
Térébenthine	Diurétique	Antirhumatismal	Fait transpirer
Thuya	Antiseptique génito-urinaire	Verrues	Prostatite
Thym	Antiseptique puissant	Stimulant	Antiseptique n° 2
Verveine	Favorise l'harmonie	Éveille l'esprit créatif	Bonheur
Ylang-ylang	Stimulant sexuel	Antiseptique	–

Où les trouver ?

Les huiles essentielles sont maintenant « tendance » avec, comme inévitable corollaire, l'apparition sur le marché d'un large éventail de produits aromatiques appelés « arômes », essences ou huiles essentielles alors qu'il ne s'agit, en réalité, que de composés pour pots-pourris ou de senteurs pour la maison.

À noter

> **La qualité d'une huile essentielle doit être notée sur son étiquette avec son nom latin, sa provenance, le nom du laboratoire ou du distillateur ; une huile essentielle « sortant de l'alambic », entièrement naturelle ou provenant de culture biologique, est la seule à offrir des propriétés thérapeutiques.**

Les huiles essentielles provenant de culture biologique et certifiée sont les seules utilisées pour des traitements externes et internes (vous les trouverez dans les pharmacies spécialisées et les magasins bio ou par correspondance chez les distillateurs bio).

Sur Internet, je vous encourage à regarder avec attention les logos certificateurs de bio, ainsi que le nom du distillateur, afin de choisir des huiles essentielles de qualité. Beaucoup d'essences, appelées à tort « huiles essentielles », ne montrent aucune référence de qualité… et souvenez-vous que beaucoup de produits dits « huiles essentielles » sont allongés à la sauce synthétique !

À noter

> **Qui vend une huile essentielle de qualité peut et souhaite vous donner le maximum d'indications, de caractères et de « garanties » sur son origine. Qui vend une essence de synthèse ne s'empresse pas de vous fournir des éléments de qualité qu'il ne saurait obtenir.**

Un certificat de culture biologique doit être visible sur les étiquettes. Des organismes définissent des cahiers des charges très stricts : leur respect donne droit à l'obtention d'un label contrôlé par les organismes certificateurs Écocert et Qualité France en ce qui concerne les cosmétiques bio en France. La certification AB concerne les produits alimentaires issus de l'agriculture biologique, en France et en Europe. Les huiles essentielles et produits aromatiques sont certifiés en alimentaire ou en cosmétiques, les logos certificateurs sont différenciés.

Ce logo est soumis aux normes européennes. Depuis 2010, il doit obligatoirement figurer sur les étiquettes.

CERTIFIÉ AB AGRICULTURE BIOLOGIQUE

C'est un logo exclusif du ministère français en charge de l'agriculture. Tous les produits destinés à être utilisés en usage interne sont marqués par ce logo de certification.

ECO CERT

Logo certificateur des produits cosmétiques bio.

Précautions d'utilisation

Les mélanges d'huiles essentielles en synergie augmentent leurs bienfaits par rapport à une indication précise. Le potentiel thérapeutique de tout produit est renforcé par la synergie. La synergie est l'association de plusieurs facteurs dont l'action coordonnée concourt à un même but. Elle est la source de propriétés supplémentaires auxquelles la simple addition de plusieurs éléments ne peut prétendre. Les huiles essentielles utilisées en synergie créent donc un nouveau produit aux propriétés différentes, voire décuplées, et pour lequel les possibilités thérapeutiques s'avèrent meilleures, plus sélectives et plus efficaces.

Pour résumer, la synergie, c'est 1 + 1 = 3 !

Attention aux dosages : effet de Plateau

Il convient d'insister sur l'importance de doses faibles, de cures courtes, d'huiles essentielles différentes lors d'un même traitement. Les huiles essentielles combattent rapidement le mal et, dans le même temps, elles modifient le terrain. L'effet de Plateau (du nom du chercheur l'ayant mis en évidence) est la réponse physiologique à une médication donnée (avec des doses précises) qui apportera des résultats proportionnels jusqu'à un seuil défini. Lorsque la dose prescrite est dépassée ou que le traitement est prolongé, les résultats jusqu'alors proportionnels peuvent s'inverser : l'huile essentielle de marjolaine est calmante cependant à forte dose, elle devient épileptisante. L'effet obtenu peut ainsi être à l'opposé de l'effet recherché.

Souvenez-vous que les huiles essentielles donnent des résultats étonnants si elles sont employées à bon escient, à la bonne dose et selon une durée bien déterminée. Je répète que l'on ne peut pas s'amuser en les utilisant : conseils, doses, durée de traitement, précautions sont à respecter. **Il est inutile, voire dangereux, de dépasser les doses indiquées,** de prolonger des cures sans obligation.

Il est toujours préférable d'utiliser une huile essentielle unitaire plutôt que d'« inventer » un mélange qui vous apparaîtrait mieux approprié car certaines « synergies aromatiques » modifient le résultat espéré.

À noter

Il est préférable d'éviter de jouer au chimiste ou à l'alchimiste avec les huiles essentielles aromatiques sans connaissance suffisante.

CHAPITRE 3

UTILISER LES HUILES ESSENTIELLES

Au programme

- **Les diffuser dans l'atmosphère**
- **Faire une friction**
- **Utiliser les hydrosols**
- **Préparer un bain aux huiles essentielles**
- **Préparer un thé aromatique**
- **Utiliser les huiles essentielles dans la cuisine**

Comment bénéficier des bienfaits des huiles essentielles ?

Respirez : au moyen d'un diffuseur d'arômes.

Frictionnez : utilisez les synergies prévues à cet effet ou préparez vos frictions.

Buvez : préparez un thé ou un cocktail aromatique, lapez sur la main une goutte trois ou quatre fois par jour ou ajoutez quelques gouttes dans la cuisine.

Ajoutez : dans les inhalations, fumigations, bains, huiles de massage.

Les diffuser dans l'atmosphère

La diffusion dans l'atmosphère au moyen d'un diffuseur permet « l'absorption par les poumons » des principes actifs (microparticules volatiles) des huiles essentielles aromatiques. La diffusion des huiles essentielles dans l'atmosphère est le premier et le meilleur moyen de profiter des bienfaits des huiles essentielles pour tous et sans aucun inconvénient.

L'action des huiles essentielles dans l'atmosphère est multiple :

- Elles éliminent toute odeur désagréable : tabac, fumée, foule, sanitaire, cuisine…
- Elles apportent des ions négatifs, si souvent absents dans les villes et les habitations.
- Elles revitalisent, régénèrent l'air respiré.

Le diffuseur d'arômes se branche en moyenne 1/2 heure matin et soir ou toute la journée. Certains diffuseurs restent branchés jour et nuit. Ils consomment environ 1 à 2 ml d'huile essentielle par jour. Il faut choisir des compositions qui plaisent en fonction de l'activité, du lieu, des préférences et des effets escomptés.

Mon conseil

Choisissez un diffuseur d'arômes électrique qui ne chauffe pas les HE : il permet la dispersion à froid des huiles essentielles dans l'atmosphère ; de ce fait, les huiles essentielles conservent intactes leurs propriétés.

Faire une friction

Les frictions aromatiques se font à mains nues avec 20 gouttes de la friction choisie appliquées sur le thorax et le plexus solaire (ce creux qui fait souvent mal à la base du sternum), sur la nuque, la base de la colonne vertébrale et la plante des pieds.

Pour augmenter sa résistance à la maladie, pour retrouver punch et dynamisme du matin, pour recouvrer un sommeil réparateur, il est bon d'utiliser régulièrement les frictions du matin et du soir. Elles remplacent l'eau de toilette, et si vous (ou votre conjoint) êtes indisposé par l'odeur, prenez une douche vingt minutes après l'application de la friction. Les parfums en Égypte ancienne étaient des compositions d'huiles essentielles naturelles en onguents, crèmes et huiles, destinées aux reines et aux pharaons.

Utiliser les hydrosols

L'eau de distillation d'une plante aromatique de culture biologique, distillée à l'eau de source, dont on conserve uniquement les premiers litres de têtes de distillation, est appelée « hydrosol » ou « eau aromatique ». La totalité de l'eau de distillation est « l'hydrolat », ou plus communément appelée « eau florale ». Toutes les plantes ne peuvent donner des huiles essentielles. Cependant, même non aromatiques, elles peuvent faire l'objet d'une distillation pour en recueillir au moins l'hydrosol, comme le chêne, le hêtre, le fenugrec, le gui, le buis, le plantain, la fougère ou encore le bleuet, le sureau ou le tilleul pour lesquels on ne connaît pas d'huile essentielle.

L'hydrosol est le complément idéal de l'huile essentielle dans les bons traitements d'aromathérapie. S'il ne retient qu'en partie infime les principes aromatiques en suspension, il en conserve les bénéfiques vertus thérapeutiques.

« L'hydrosolthérapie » est, en quelque sorte, une homéopathie de l'aromathérapie.

Les hydrosols sont d'excellents draineurs (hydrosols de sureau, sauge, géranium, armoise, romarin) et de grands calmants (hydrosols de rose, lavande, mélisse, néroli, camomille), à utiliser en boisson de santé. Ils sont aussi beaucoup utilisés dans les soins de la peau et du cheveu, et constituent d'excellentes boissons de bien-être.

Boisson de bien-être

Ajoutez 4 à 5 cuillerées à soupe d'hydrosol dans 1 litre et demi d'eau à boire dans la journée.

Plus fragile que l'huile essentielle, l'hydrosol ne se conserve que quelques mois. Un dépôt semblable à des poussières en suspension (pin) ou une « mère de vinaigre » (sauge, cèdre) peut apparaître rapidement. Un simple filtre en papier suffit alors à nettoyer l'hydrosol. Pour être consommable, l'odeur de l'hydrosol ne doit pas être altérée. Lorsqu'une fermentation survient, provenant d'une conservation inadéquate (chaleur, lumière, âge), le produit est détérioré et, par conséquent, inutilisable.

Idéalement l'hydrosol se conserve dans des flacons de verre teinté ou opaque, à l'abri de la chaleur et de la lumière, en moyenne six à dix-huit mois après la distillation.

Préparer un bain aux huiles essentielles

Choisissez 5 à 10 gouttes d'huile essentielle, mélangez avec de la poudre de lait, un œuf, des algues, une base moussante neutre, un shampooing doux ou encore de l'huile de germes de blé, ajoutez l'eau chaude sur la préparation.

Toutes les huiles essentielles doivent se diluer, seule l'huile essentielle de lavande peut s'utiliser non diluée (10 gouttes). Pas de bain aux huiles essentielles pour les enfants de moins de 3 ans, préférez les hydrosols de lavande ou d'eucalyptus (1/2 verre par bain).

Préparer un thé aromatique

Choisissez une à trois huiles essentielles (orange, mandarine, citron, cannelle, bergamote, menthe, marjolaine, pin, sapin…), mélangez à une cuillerée de miel avec un peu d'eau chaude, ajoutez l'eau chaude non bouillante en quantité suffisante pour une tasse ou 20 gouttes pour 1 litre et conservez dans une bouteille isotherme ; un thé à déguster tout au long de la journée.

Utiliser les huiles essentielles dans la cuisine

En général, 1 goutte pour un plat « cru » pour quatre personnes et 4 gouttes si la préparation est cuite (basilic, estragon, coriandre, genièvre, muscade, origan, carvi, cumin pour les salés ; citron, mandarine, orange, menthe, cannelle, bergamote pour les purées de fruits et desserts). Vous pouvez aussi préparer 1 litre d'huile d'olive aromatisée avec 100 gouttes d'huile essentielle de basilic, de coriandre ou d'estragon.

PARTIE 2

SE SOIGNER AVEC LES HUILES ESSENTIELLES

CHAPITRE 4

LES DIX RÈGLES D'OR DU BIEN-VIVRE

Au programme

- **La respiration**
- **L'alimentation**
- **L'exercice physique**
- **La relaxation**
- **Le sommeil**
- **L'eau**
- **L'harmonie physique, affective et sexuelle**
- **Le soleil**
- **La pensée positive**
- **L'aromathérapie**

Depuis plus de trente ans que j'enseigne, donne des conférences, publie en France comme à l'étranger sur l'aromathérapie et ses innombrables propriétés, les cures zen-détox, la cuisine crue dite « cruisine », la respiration, la pensée positive… Je considère « mes dix règles d'or du bien-vivre » comme une base simple et solide de la construction d'une belle santé au naturel. Ces règles s'appliquent à tous et seule la pratique permet de bénéficier de leurs bienfaits sur le physique, le mental et, bien sûr, l'esprit. Elles sont le point de départ pour une nouvelle hygiène de vie avec, en conséquence, santé, joie, bien-être et réussite personnelle. C'est avec la mise en pratique quotidienne de choses simples que nous sommes capables de transformer, de corriger, d'améliorer notre vie et, par là même, celle de ceux qui nous entourent.

À noter

> **Architecte de son corps, l'homme est le premier et le seul responsable de sa santé.**

Le simple fait d'appliquer ces règles réduit de 70 à 80 % nos petits maux, redonne une énergie nouvelle du matin, élimine une grande partie du stress, favorise l'entrain et la joie de vivre, augmente les performances physiques, mentales, sexuelles et spirituelles, car tout est lié ! Le chemin vers « la santé au naturel » commence par une connaissance de soi, et quelques exercices pratiques quotidiens pour se sentir responsable de « sa » santé. Mes dix règles d'or du bien-vivre sont une clé que j'ai le plaisir de vous offrir pour une belle santé, de la beauté et de la joie de vivre !

La respiration

Nous pouvons cesser de manger pendant trente jours, cesser de boire trois jours, mais pas cesser de respirer trois minutes. Il est bon de pratiquer la respiration consciente matin et soir, quelques minutes au moins. Qu'elle soit yogi, à six ou à neuf temps, saccadée, découpée, travaillée, avec le nez ou la bouche, peu importe pourvu qu'elle soit profonde, consciente et « pratiquée ».

En portant l'attention sur l'inspiration le matin, mentalement, j'imagine que j'inspire toute la force, la puissance, la joie du jour nouveau : j'inspire le positif !

Le soir, l'attention est portée sur l'expiration ; mentalement, j'imagine que j'expire toutes les tensions, perturbations, tracas et ennuis de la journée : j'expire le négatif !

Mode d'emploi d'une bonne respiration consciente biquotidienne

Matin et soir, avec une fenêtre ouverte, en conscience.

J'inspire lentement par le nez en gonflant d'abord le ventre (1, 2, 3), puis le thorax (4, 5, 6) – je fais remonter l'air dans le haut des poumons.

Je bloque la respiration à poumons pleins (7, 8, 9).

J'expire lentement par le nez ou par la bouche, en dégonflant le ventre (1, 2, 3), le thorax (4, 5, 6) – je chasse l'air de la partie haute des poumons –, je reste à poumons vides (7, 8, 9).

Je me concentre uniquement sur ma respiration. J'adopte le rythme qui me convient, sans forcer. Je prends conscience de ma respiration !

La respiration consciente améliore l'ensemble de nos métabolismes, diminue la constipation, réduit la cellulite, désamorce les stress, active la circulation sanguine, ouvre l'esprit, fortifie la mémoire, favorise le contrôle sexuel et aiguise l'intelligence !

Règle d'or n° 1

> **Je pratique trois minutes de respiration profonde et consciente matin et soir, et le plus souvent possible dans la journée. Le matin j'inspire le positif, le soir j'expire le négatif.**

L'alimentation

Plein de théories existent sur l'alimentation saine : toutes offrent des avantages… et des inconvénients. Dans sa physiologie, l'homme est plus proche du singe que du lion, de l'oiseau ou du poisson ; il est bon que la nourriture de base soit essentiellement « crue » : fruits, légumes, racines, graines germées, œufs, algues… Beaucoup d'entre nous seraient végétariens s'ils devaient tuer l'animal pour le manger !

Les produits du pays sont à privilégier par rapport aux produits exotiques.

Nous mangeons trop, trop de produits dénaturés, dits « civilisés », assaisonnés à la « sauce chimie ». Il est bon de réduire les quantités, et manger bio est devenu une quasi-obligation : savez-vous que nous ingérons en moyenne 4,8 kilos de purs produits chimiques par personne et par an !

Il est élégant et « tendance », dans les restaurants étoilés, de commander un jus de carottes ou de betteraves en apéritif, de l'huile d'olive et des herbes aromatiques sur les salades, de boire une infusion ou un thé d'herbes en fin de repas – que l'on sert souvent fraîches, directement cueillies dans le jardin du chef –, de déjeuner à l'eau même pour les repas d'affaires, de préférer le restaurant « *diet* » du centre de thalasso plutôt que le gastronomique. Toute une évolution en matière d'alimentation qui permet d'être branché et non plus considéré comme marginal ou illuminé. Il semble qu'au moins 20 % de la population se nourrisse plus correctement devant les excès du passé (regardons le surpoids des pays dits civilisés) : une conscience nutritionnelle nouvelle est née.

Règle d'or n° 2

Je privilégie une alimentation saine, bio et le plus « crue » possible – la « cruisine » est très tendance –, je bois de l'eau en dehors des repas, un jus de légumes en apéritif, j'ajoute des graines germées, des algues, des champignons et des oléagineux comme protéines, je mange les fruits crus toujours en dehors des repas, je prends le temps de « déguster » dans le calme.

L'exercice physique

Le meilleur et le plus sain : la marche. Tous les sports sont bons à pratiquer, d'une manière progressive et en respectant un temps de récupération-respiration après l'effort.

Règle d'or n° 3

> **Je fais quelques mouvements de gymnastique chaque jour. Je pratique l'exercice physique de mon choix, suivi d'un moment de relaxation-récupération.**

La relaxation

Retour sur soi, méditation, relaxation, détente, yoga, musique : c'est le moment de « coupure » bienvenu chaque jour pour un bon équilibre et une belle santé. C'est vider son esprit des préoccupations journalières, le « *let go* ». La relaxation, c'est un bon moyen de laisser de la place à l'esprit pour s'exprimer.

Règle d'or n° 4

> **Cinq à dix minutes de relaxation concentre les énergies vitales et rééquilibre nos trois corps.**

Le sommeil

Le sommeil permet la récupération de forces nouvelles, c'est le meilleur moyen de s'autoguérir : les animaux malades jeûnent, boivent et dorment jusqu'à ce qu'ils guérissent. Rappelons que les heures de sommeil avant minuit comptent double, et l'idéal est de se calquer le plus possible sur les levers et les couchers de soleil !

Règle d'or n° 5

> **Les heures de sommeil avant minuit comptent double ! Alors, je me couche tôt au moins une fois par semaine !**

L'eau

L'eau lave le corps et l'esprit. Je bois au moins 1 litre et demi d'eau par jour en dehors des repas, si possible, une eau de source filtrée et/ou équilibrée bioélectroniquement. J'ajoute des eaux florales ou hydrosols régulièrement.

Les bains chauds-froids, de pieds, de tronc, de mains, de siège, aromatiques, à bulles, de sel, d'argile, d'eau douce ou de mer sont tous faits pour favoriser la détente et l'élimination des toxines.

La douche écossaise, chaud-froid, stimule, réveille et tonifie (à pratiquer le matin) ; le bain chaud se prend plutôt le soir.

Règle d'or n° 6

Je pratique bains et douches, je bois « aromatique » en dehors des repas.

L'harmonie physique, affective et sexuelle

L'entretien de l'harmonie dans le couple est une clé qui permet d'entériner les vibrations positives indispensables à l'accès au bonheur. Selon les Orientaux (tantra et tao), l'énergie vitale prend sa source dans l'harmonie et la sublimation de l'énergie sexuelle (ouverture de la kundalini). L'harmonie sexuelle dépend également d'un bon équilibre physiologique associé à une bonne vitalité physique (alimentation saine, oxygénation, exercices, bonne élimination des toxines, compléments alimentaires revitalisants) et à l'équilibre mental (pensées positives, actions enrichissantes, confiance en soi, compréhension d'autrui, développement personnel).

C'est un travail de la femme autant que de l'homme : des attentions, des préludes à l'amour, des massages câlins, des petits mots gentils, des bouquets de fleurs, des surprises, des cadeaux, des attentions douces.

Règle d'or n° 7

> **Je favorise consciemment l'harmonie affective et sexuelle.**

Le soleil

Le soleil régénère. La lumière et la chaleur du soleil favorisent la vie et la recrudescence d'énergie vitale. Le bain d'air, même sans soleil, a des effets analogues. Les premiers bains de soleil de l'année peuvent provoquer de petites perturbations physiologiques (rhumes, problèmes circulatoires, crises de foie) sur les personnes en faible santé ayant besoin d'éliminer des toxines, principalement les acides. Privilégiez les heures où le soleil est le moins agressif et pensez à vous protéger (chapeau, vêtements).

Règle d'or n° 8

> **Je pratique un bain d'air et de soleil chaque fois que possible en me protégeant.**

La pensée positive

Chaque pensée émise par votre conscience s'imprime dans votre « cerveau ordinateur » (le subconscient). Lorsque vous dites : « Je réussis tout ce que j'entreprends », votre cerveau (ordinateur subconscient) « sait », puisqu'il l'a enregistré, que vous réussissez tout ce que vous entreprenez. Pendant votre sommeil, vos cellules sont imprégnées de cette idée de réussite et les connexions conscientes auxquelles vous faites appel dans la journée reproduisent l'idée de réussite. Les jeunes ont l'habitude de dire 200 fois par jour « pas de soucis, pas de problèmes ». Le cerveau n'enregistre pas les négations, il conserve les mots-clés[5] : ce qui fait que nos jeunes se fabriquent soucis et problèmes à gogo !

Il est important de souligner que des cellules encrassées perturbent le transit des messages positifs ; d'où l'importance d'un organisme en bonne forme physique baignant dans des liquides cellulaires non acides, pour créer, installer et conforter des pensées positives.

La création de pensées positives engendre des attitudes, des faits, un enchaînement de réalités positives. Ainsi, chaque matin, je me souhaite une bonne journée, je souris à la vie en respirant positif. Je pars gaiement à mes activités, je me mets « en joie ». C'est le *let's enjoy* !

Chaque soir, je fais le bilan de la journée. Je regarde tous les éléments positifs et je me félicite : l'entraînement quotidien est bénéfique ! La pratique régulière « formate » en mode positif le cerveau. Je souris intérieurement à tous mes nouveaux progrès.

Règle d'or n° 9

Je me souris le matin, je souris à la vie.

Je fais au moins une action positive chaque jour.

Je fabrique et crée au moins une pensée positive chaque jour.

L'aromathérapie

Les huiles essentielles apportent à nos cellules une vitalité nouvelle. Toutes les huiles essentielles sont génératrices d'ondes vibratoires positives et rechargent nos batteries cellulaires.

5. Jacques Martel, *Le pouvoir des mots... qui me libèrent*, Éditions Atma Inc., 2011.

Chaque matin, après une douche chaude puis fraîche, je me frictionne avec des huiles essentielles toniques et dynamisantes (romarin, citron, géranium, sapin…).

Chaque soir, après une douche ou un bain chaud, je me frictionne avec des huiles essentielles relaxantes (lavande, marjolaine, oranger, petit grain, camomille, néroli…).

Plusieurs fois par jour, je bois des grogs ou thés aromatiques toniques, digestifs, respiratoires et des hydrosols (eaux précieuses florales). Je diffuse régulièrement des huiles essentielles dans l'atmosphère, à la maison ou au bureau. Elles enchantent ma vie !

Règle d'or n° 10

> **Je « m'aromatise » avec des huiles essentielles en diffusion, en friction, en boisson, dans la cuisine et dans mes produits de soin.**

CHAPITRE 5

LES GRANDS SOINS D'URGENCE

Au programme

- **Le cataplasme d'argile**
- **Le cataplasme de chou**
- **L'inhalation**
- **Le bain de siège à friction**
- **Les lavements**
- **La diète**
- **La cure de jus de légumes**
- **Les purges**
- **Les frictions aromatiques**

J'ai le plaisir de vous donner mes grandes recettes de bonne santé. Je les appelle les grands soins d'urgence. Ce sont des pratiques simples, des méthodes ancestrales toujours actuelles qui donnent de bons résultats.

Le cataplasme d'argile

On trouve l'argile dans les magasins bio et les pharmacies spécialisées en cailloux, en poudre, en tube, verte (la plus utilisée), blanche, jaune, rose ou rouge. Il existe des cataplasmes d'urgence tout prêts, à tremper dans l'eau et à appliquer.

Principales utilisations

L'argile[6] soulage les douleurs et inflammations : rhumatismes, arthrose, maux de dents, abcès dentaires.

Elle fait mûrir les abcès, tire à la surface de la peau échardes de bois, copeaux de métal, venins et en général, tout corps étranger.

Elle nettoie et assèche boutons, piqûres, blessures, acné.

Elle cicatrise plaies et brûlures.

Elle régénère et fait disparaître des cicatrices, même anciennes, sachant que, dans ce cas, les applications sont journalières jusqu'au résultat satisfaisant.

Mode d'emploi

Mettez l'argile en cailloux ou en poudre dans un saladier en verre ou en terre.

Recouvrez d'eau, laissez s'imprégner.

Remuez avec une cuillère en bois ou avec la main jusqu'à l'obtention d'une pâte ferme !

Appliquez deux bons centimètres d'épaisseur sur la partie à traiter.

Posez un double essuie-tout sur l'argile puis une serviette et une bande pour fixer.

Conservez de vingt minutes à quatre heures.

Enlevez à l'eau le cataplasme dès que la sensation de soulagement disparaît.

Renouvelez les applications jusqu'à l'obtention du résultat.

6. Raymond Dextreit, *L'argile qui guérit : mémento de médecine naturelle*, Vivre en Harmonie, 1993.

Précautions d'emploi

Ne mettez pas l'argile en contact avec le métal

Si vous devez faire une série de cataplasmes, vous pouvez préparer l'argile à l'avance, la mettre au soleil, et la réhydrater avant utilisation : le soleil charge l'argile d'une énergie particulièrement vivifiante !

Si le cataplasme doit s'appliquer sur une partie pileuse, rasez au préalable la surface à traiter.

Si la plaie est ouverte, pour éviter le tiraillement et favoriser la cicatrisation, appliquez une gaze fine sur la plaie avant de mettre le cataplasme d'argile.

À noter

Chaque fois que le cataplasme d'argile est à faire dans une zone proche des yeux, des oreilles ou du cou, il est bon d'appliquer en même temps un cataplasme sur le bas-ventre.

Le cataplasme de chou

Principales utilisations

Douleurs articulaires, épanchement de synovie, douleurs rhumatismales, rétention d'eau…

Mode d'emploi

Écrasez les grosses côtes de la feuille avec un rouleau à pâtisserie.

Appliquez directement sur la partie à traiter.

Renouvelez l'application dès que la sensation de soulagement disparaît.

Précautions

Utilisez un chou frais et non traité.

N'appliquez pas de feuilles de chou sur des plaies ouvertes, préférez dans ce cas l'argile.

L'inhalation

Les inhalations s'utilisent spécialement pour toutes les affections respiratoires et pulmonaires, certaines migraines et maux de tête, essentiellement d'origine nerveuse ou digestive. La chaleur détend. La vapeur chaude associée aux huiles essentielles respirées calme la toux, décongestionne les voies pulmonaires, adoucit les expectorations bronchiques, relaxe certaines névralgies, ouvre les pores et prépare la peau avant les soins du visage. Les huiles essentielles offrent leurs propriétés spécifiques.

Principales utilisations

Dans les cas de rhumes et d'encombrements des voies respiratoires, choisissez HE pin sylvestre ou pin baumier et HE eucalyptus, 4 à 5 gouttes de chaque.

En cas d'abcès dentaires et de maux de dents : l'inhalation d'HE eucalyptus (5 gouttes) et d'HE girofle (1 goutte) soulage et fait mûrir l'abcès. À utiliser en alternance avec le cataplasme d'argile.

En cas d'acné et de petits boutons, l'inhalation permet de nettoyer et d'aseptiser la peau avec des HE géranium et genièvre (3 gouttes de chaque), d'apaiser un visage irrité avec 5 gouttes d'HE lavande, de resserrer les pores avec 5 gouttes d'HE cèdre et lavande, de préparer un soin du visage avec 6 à 8 gouttes d'HE genièvre et bois de rose ou encore d'HE lavande et ylang-ylang.

Mode d'emploi

Ajoutez quelques gouttes d'huiles essentielles dans l'inhalateur, un grand bol ou une casserole d'eau chaude.

Mettez votre tête au-dessus du récipient en la couvrant avec une grande serviette de toilette et inhalez.

Une inhalation dure de trois à sept minutes, selon ce qui est supportable, et peut se renouveler sans inconvénient, deux, trois ou plusieurs fois par jour.

Mes huiles essentielles préférées pour inhalations

Calmantes : lavande, marjolaine, camomille.

Respiratoires : pin, eucalyptus, niaouli, cajeput, lavande, romarin, hysope, térébenthine, sapin, pin baumier, thym doux (uniquement).

Décongestionnantes : lavande, genièvre, géranium, bois de rose.

Précautions

Respecter le choix spécifique des huiles essentielles données dans les recettes. Un grand nombre d'HE ne s'utilisent jamais en inhalation : origan, thym rouge, sarriette, gingembre...

Le bain de siège à friction

Principales utilisations

Le bain de siège, cher au professeur Louis Kuhne[7], est préconisé dans les cas de fièvres, maladies dégénératives, manque de vitalité, dérèglement du système nerveux : la stimulation engendrée par l'eau froide sur le bas-ventre et une partie des organes

7. Louis Kuhne, *La nouvelle science de guérir*.

génitaux attire les fièvres et les maladies vers les voies naturelles d'élimination.

En dehors des périodes de fièvres et d'inflammations, le bain de siège peut se faire en cure d'une semaine par mois pour renforcer la vitalité de l'organisme et favoriser l'élimination des toxines.

Mode d'emploi

Remplissez le bidet d'eau froide et de glaçons. Installez-vous jambes écartées. Avec un gant de toilette trempé régulièrement dans l'eau glacée, faites une friction légère allant de l'anus au pubis pour les femmes, allant de la base de la verge au prépuce pour les hommes, les testicules restant hors de l'eau.

Procédez de la sorte pendant trois à sept minutes, renouvelez toutes les trois heures, dans les cas de fièvres, congestions… ou au moins une fois par jour !

Le bain de siège à friction accélère l'élimination dans les urines et les selles, la tombée de fièvre, la libération des maux de tête et des douleurs en général.

Précautions

Pensez à couvrir chaudement les pieds et le reste du corps.

Les lavements

Les lavements intestinaux et vaginaux se font avec une poire à lavement spéciale, ou un bock à lavement. On les trouve facilement en pharmacie tout comme les douchettes à lavements intestinaux sur Internet. En cabinet, on pratique l'irrigation colonique avec un appareil sophistiqué et le *process* adéquat proposé par un spécialiste.

Mode d'emploi

Lavement vaginal

Ajoutez 3 à 5 gouttes d'HE lavande ou d'HE géranium ou les deux dans l'eau de la poire à lavement.

Pressez la poire pour envoyer l'eau dans le vagin.

Gardez l'eau quelques minutes avec quelques mouvements de bas-ventre.

Expulsez l'eau.

Renouvelez l'opération plusieurs fois par jour et plusieurs jours de suite si nécessaire.

Lavements intestinaux

Installez-vous confortablement (couvert jusqu'à la taille et avec des chaussettes pour ne pas prendre froid) dans la baignoire sans eau ou par terre : la position allongée permet de conserver le lavement plus facilement.

Installez le bock en hauteur, en général 1 litre à 1 litre 1/2 d'eau.

Ajoutez 1 cuillerée d'huile d'olive et 5 gouttes d'HE lavande ou les huiles essentielles spécifiques conseillées (synergie DIGôm p. 68).

L'eau pénètre les intestins par la canule prévue à cet effet.

Conservez le lavement quelques minutes (le plus possible), pensez à respirer profondément et massez gentiment le ventre.

Éliminez en continuant à respirer profondément et à masser le ventre avec la friction DIGôm.

Renouvelez l'opération jusqu'à éliminer uniquement de l'eau.

Précautions

Il n'y a pas de précaution particulière, si ce n'est un minimum de quinze minutes de repos après le lavement, bien au chaud.

Veillez toujours à ce que la personne soit détendue, bien couverte et confortablement installée. Le massage du ventre pendant le lavement ou l'irrigation colonique permet de libérer les émotions enfouies et aussi les gaz ; ajoutez 20 gouttes de la synergie DIGôm (p. 68) sur le ventre pour ce massage.

À noter

Les irrigations coloniques existent maintenant en France dans des instituts spécialisés où sont données en parallèle massages, cours de respiration et détente. Aux États-Unis, depuis des années, les artistes de théâtre et de cinéma recourent au *colonic irrigation* à la place d'un dîner les soirs de travail intense.

Il existe un nouvel appareil à lavement très simple qui se branche directement à la place de la pomme de douche et on pratique debout. C'est la douchette à lavement.

La libération des intestins agit instantanément sur le moral, la peau et le tonus. Elle libère les idées grises, renforce le système immunitaire et éclaircit la carte postale intérieure !

La diète

C'est le mot qui fait frémir : vais-je pouvoir rester une journée sans manger ? Oui, tout le monde le peut ! Grands et petits, même si c'est la première fois. Diète ou jeûne ? La diète, c'est le fait de ne rien absorber de solide pendant au moins vingt-quatre heures, tout en buvant uniquement un minimum de 2 litres d'eau d'infusions ou de bouillon de légumes sans pomme de terre.

Les grands-mères mettaient à la diète après une crise de foie, une indigestion, dans les cas de fièvre, etc. Les animaux sauvages se mettent à la diète dès que quelque chose ne va pas. Dès que le mal est passé, l'animal retrouve son appétit. Combien d'enfants, d'instinct, réagissent de la sorte ? Ce sont souvent les parents qui les forcent à manger !

Une personne âgée et/ou faible peut faire une diète d'une journée sans inconvénient, il faut cependant boire beaucoup.

Précautions

La diète, ou jeûne hydrique, peut se prolonger plusieurs jours dans des cas bien spécifiques, avec le suivi journalier d'un thérapeute spécialiste naturopathe.

Le jeûne long est à déconseiller pour les personnes non entraînées physiquement et psychologiquement. Sachez qu'après le troisième jour, la sensation de faim disparaît et qu'il est préférable de pratiquer des jeûnes courts et plus fréquents plutôt que de jeûner longtemps. Dans tous les cas, on ne jeûne pas plus de deux ou trois jours, en période de crise aiguë, sans le suivi d'un spécialiste.

Il existe d'autres cures de drainage – les cures de jus de légumes par exemple – beaucoup moins contraignantes à faire sur un temps prolongé, elles donnent tout autant de résultats et ne présentent aucun inconvénient[8].

La cure de jus de légumes

Une cure de jus de légumes, c'est boire et manger pendant toute une journée uniquement des jus de légumes frais, fabriqués avec une centrifugeuse. Les légumes ne sont pas cuits et il est conseillé de boire rapidement les jus dès qu'ils sont pressés. Les jus de légumes existent aussi en bouteilles, avec une conserva-

8. Lire les livres de Nelly Grosjean : *Mailgrir.com* sur le site www.nellygrojean.com ou *Maigrir intelligemment, la cure détox* (Éditions 5ml, à paraître en 2015).

tion par lactofermentation et des légumes bio. Il est possible de les dynamiser en ajoutant quelques gouttes d'huiles essentielles (estragon, basilic, coriandre…).

Les jus de légumes apportent à l'organisme des vitamines, des sels minéraux et des oligo-éléments. Les jus de légumes peuvent varier à l'infini, vous pouvez ajouter au choix : jus de citron, piment, sel de céleri, herbes aromatiques fraîches, gingembre frais, huiles essentielles culinaires pour en faire d'excellents apéritifs.

Les cures de jus de légumes peuvent se faire pendant plusieurs semaines ou même plusieurs mois selon les cas. Certains naturopathes font faire des cures de jus de légumes à leurs patients atteints de cancers, avec d'excellents résultats (voir les travaux du Dr Breuss cité en bibliographie).

Mode d'emploi

Commencez la cure de jus de légumes un jour par semaine (la purge prise le dimanche soir nettoie et empêche la sensation de faim le lendemain) : le lundi est pratique pour commencer le jour de jus de légumes.

Les semaines suivantes peuvent se faire avec deux ou trois jours consécutifs selon les envies et les possibilités.

Il n'y a pas de limite de quantité pour les jus de légumes : de 1 à 3 litres par jour sans inconvénient.

Les jus de légumes sont de puissants reminéralisants (imaginez la quantité de légumes frais pour faire 1 litre de jus de légumes !).

Quels légumes choisir ?

Des légumes naturels ou bio ou sortant du jardin.

Tous les légumes sauf l'aubergine, l'ail et l'oignon !

En hiver, privilégiez carottes, chou vert, chou rouge, céleri branche, betterave rouge, radis noir (attention c'est très fort), brocoli, épinard, tétragone et toutes herbes et salades vertes. Je vous conseille une base de 3/4 de carottes et 1/4 d'un ou de plusieurs autres légumes.

En été, consommez tomates, concombres, courgettes, poivrons et toutes herbes et salades vertes.

Précautions

Les jus de légumes conviennent aux intestins fragiles car ils ne contiennent pas de fibres irritantes et permettent une rééducation progressive des intestins.

Durant les premiers jours de cure peuvent apparaître des sensations de « ballonnements » : c'est normal car le « cru » redonne de la vitalité aux intestins, réhydrate des matières sèches avant leur élimination. Après quelques jours de cure, la sensation de ballonnement disparaît… et l'excès de ventre aussi ! Utilisez régulièrement la friction DIGôm (voir p. 68) en friction sur le ventre plusieurs fois par jour.

Les purges

Les plus utilisées sont les suivantes : magnésie San Pellegrino, Chlorumagène (ou sel de Nigari[9]), Limonette purgative et huile de ricin.

9. Le sel de Nigari est un chlorure de magnésium bio extrait d'algues, riche en sels minéraux et à effet revitalisant et nettoyant. Sa propriété principale est de renforcer le système immunitaire. On le trouve en magasin bio.

Les purges servent à nettoyer drastiquement l'organisme. Elles ont chacune une spécificité et se trouvent en pharmacie ou sur Internet.

Magnésie San Pellegrino, sel de Nigari et Chlorumagène

La magnésie San Pellegrino est plus spécialement destinée à drainer les reins en cas de sciatique, crise de rhumatismes, rétention d'eau…

Le Chlorumagène et le sel de Nigari sont plus spécifiques du nettoyage des intestins en cas de constipation, problèmes de foie, peau surchargée, aérophagie, angoisse, anxiété, dépression… Ils sont l'équivalent d'un puissant laxatif sans toutefois torturer les intestins.

Mode d'emploi

Diluez 1 à 2 cuillerées à soupe de l'une ou de l'autre dans un grand verre d'eau.

Buvez au moins 1 litre et demi d'eau ou d'infusion dans les 2 heures qui suivent.

Limonette purgative

Très aisée à avaler, la Limonette ressemble à un Perrier aromatisé. Elle draine en profondeur surtout lymphe, sang et reins.

Mode d'emploi

Buvez la bouteille le soir.

Buvez dans les deux heures 1 litre et demi d'eau ou d'infusion.

À noter

> **Pour toutes ces purges (magnésie San Pellegrino, Chlorumagène, sel de Nigari, limonette purgative), l'idéal est de les prendre le soir afin que les premières éliminations arrivent le matin et de boire au moins 2 litres de liquide dans les 2 heures. Continuez à boire eau et infusion le jour suivant puis des jus de légumes dans la soirée en cas de sensation de faim ; sinon restez à l'eau jusqu'au lendemain matin.**

Huile de ricin

La plus puissante des purges, c'est une huile de texture visqueuse que l'on trouve en pharmacie et dans les magasins bios. Connue essentiellement pour ses propriétés drastiquement laxatives, désacidifiantes, elle nettoie puissamment toutes les mucosités et glaires, elle fortifie et embellit le cheveu et la peau… et, dit-on, ferait disparaitre les verrues !

Edgar Cayce[10] l'utilisait en compresses pour les affections respiratoires, rhumatismales et dermatoses. Elle existe également en gélules.

Mode d'emploi

Utilisez un gobelet en plastique que vous jetez après utilisation.

Prenez l'équivalent de 2 à 6 cuillerées à soupe en huile (de 20 à 60 ml) mélangé à un jus de pamplemousse, d'orange ou de citron au choix, à un bouillon de légumes ou dans un jus de pommes fraîchement pressées.

Remuez bien et buvez rapidement.

Prenez 2 gouttes d'HE menthe ou un morceau de gingembre frais pour enlever la sensation de goût et de texture désagréable.

L'idéal est de la prendre le soir, en guise de dîner, l'élimination se fait en général tôt le matin (beaucoup de glaires colorées).

10. William A. Mac Garey, *Les remèdes d'Edgar Cayce*, Centre du livre naturel, 1997.

Ne buvez ni ne mangez (vous n'aurez pas faim) jusqu'au lendemain midi ou jusqu'aux prochaines éliminations. Pas d'élimination, pas de jus de légumes !

Sucez quelques pruneaux si vraiment vous avez une petite envie de manger quelque chose.

Prévoyez une alimentation légère le lendemain, uniquement des jus de légumes toute la journée est l'idéal.

À noter

Si vous ne savez pas quelle purge choisir et que vous souhaitez un bon drainage, il est possible de prendre une purge différente chaque semaine. Prenez l'avis de votre thérapeute pour une utilisation répétée.

Les frictions aromatiques

Il s'agit d'un concept que j'ai élaboré il y a plus de trente ans. Les huiles essentielles pénètrent la peau en vingt minutes environ et, dans les quatre heures qui suivent, elles se retrouvent dans le sang et la lymphe puis dans les urines à l'état de traces. La friction aromatique est un moyen pratique et précieux d'absorber les bienfaits des huiles essentielles. C'est mon rituel aromatique quotidien.

Mode d'emploi

Appliquez 20 gouttes d'HE sur la main et frictionnez dans le sens des aiguilles d'une montre plexus solaire, nuque, base de la colonne vertébrale et plante des pieds (5 à 7 gouttes pour le visage et 50 gouttes pour le cuir chevelu).

Appliquez matin et soir des compositions spécialement faites pour les frictions. En cure, changez régulièrement de composition toutes les trois semaines.

Utilisez des HE d'extrême qualité, naturelles, « sortant de l'alambic » et/ou certifiées bio.

Précautions

Toutes les huiles essentielles ne peuvent s'appliquer directement sur la peau : certaines chauffent, brûlent (cannelle, thym, gingembre…) ou glacent (menthe), c'est la raison pour laquelle vous suivrez les indications précises d'un aromathérapeute ; l'idéal est d'utiliser mes compositions toutes prêtes. Vous pouvez vous les fabriquer en suivant dans ce livre mes recettes simplifiées.

CHAPITRE 6

BOÎTE À OUTILS AROMATIQUES

Au programme

- **Trousse aromatique des compositions préconisées**
- **Trousses de secours**

Pour fabriquer vous-même les compositions dont vous avez besoin en fonction des symptômes détaillés dans la partie 3 de cet ouvrage, voici les formules « simplifiées » des compositions *biossentiel* appelées « compositions préconisées ».

Toutes les huiles essentielles et hydrosols que vous utilisez doivent être naturels, certifiés biologiques et toujours « sortant de l'alambic ». Ce niveau de qualité est primordial.

À la fin de ce livre, des tableaux vous guident dans la correspondance des symptômes et des traitements préconisés.

Trousse aromatique des compositions préconisées

Les compositions suivantes correspondent à environ 5 ml (100 gouttes).

Frictions spéciales corps (bbs/bio'body synergies, 100 % HE)

Composition APHôm	Composition CELôm
26💧 HE romarin 25💧 HE lavande 15💧 HE ylang-ylang 14💧 HE muscade 5💧 HE coriandre 5💧 HE sarriette 5💧 HE géranium bourbon 2💧 HE origan 2💧 HE cannelle écorces 1💧 HE girofle	31💧 HE lavande fine 15💧 HE sauge lavandulifolia 10💧 HE romarin 10💧 HE pin sylvestre 10💧 HE menthe poivrée 9💧 HE cyprès 5💧 HE gaulthérie 5💧 HE bois de rose ou de géranium 5💧 HE genévrier
Composition DIGôm	**Composition FFFôm**
40💧 HE muscade 22💧 HE carvi 11💧 HE lavandin 10💧 HE marjolaine sylvestre 5💧 HE basilic tropical 5💧 HE coriandre 5💧 HE romarin 2💧 HE cumin	30💧 HE pin sylvestre 25💧 HE lavande 15💧 HE sauge lavandulifolia 15💧 HE menthe poivrée 5💧 HE romarin 5💧 HE cyprès 5💧 HE menthe douce
Composition HARôm	**Composition MIGôm**
30💧 HE cèdre 30💧 HE lavande 30💧 HE bois de rose 7💧 HE camomille romaine 2💧 HE santal 1💧 HE rose	70💧 HE lavande fine 10💧 HE menthe douce 10💧 HE menthe poivrée 10💧 HE cyprès
Composition MINôm	**Composition NERôm**
31💧 HE romarin 15💧 HE cyprès 15💧 HE géranium bourbon 10💧 HE genévrier 10💧 HE eucalyptus globulus 9💧 HE gaulthérie 8💧 HE carvi 2💧 HE sauge lavandulifolia	40💧 HE lavande 20💧 HE marjolaine sylvestre 15💧 HE petit grain 10💧 HE orange douce 10💧 HE basilic tropical 5💧 HE néroli

Composition RESôm	
25💧	HE pin sylvestre
25💧	HE eucalyptus globulus
21💧	HE lavandin abrialis
10💧	HE romarin
10💧	HE sapin blanc
6💧	HE thym doux
3💧	HE origan

Composition RHUôm	
25💧	HE gaulthérie
20💧	HE pin sylvestre
20💧	HE genévrier
15💧	HE romarin
10💧	HE lavande fine
5💧	HE cyprès
5💧	HE marjolaine sylvestre

Composition STRôm	
51💧	HE lavande
30💧	HE marjolaine sylvestre
9💧	HE basilic tropical
5💧	HE petit grain
5💧	HE néroli

Composition VIT	
35💧	HE romarin
20💧	HE lavande ou lavandin
15💧	HE coriandre
15💧	HE pin
9💧	HE muscade
6💧	HE sarriette

Sérum visage/cheveux « bio'aromatic »

Composition after hours	**Booster cheveux Big sur**
40🌢 d'huile de noisette 30🌢 d'huile de sésame 20🌢 d'huile de millepertuis 4🌢 HE romarin 5🌢 HE lavande fine 1🌢 HE rose	35🌢 HE cèdre 15🌢 HE romarin 15🌢 HE sauge lavandulifolia 12🌢 HE thym doux 12🌢 HE ylang-ylang 10🌢 HE lavande fine 1🌢 HE sauge sclarée
Booster elleonore	**Booster ettore**
35🌢 HE pin sylvestre 26🌢 HE lavande fine 20🌢 HE lavandin abrialis 10🌢 HE géranium bourbon 5🌢 HE cèdre 2🌢 HE rose 1🌢 HE camomille romaine 1🌢 HE hélichryse	35🌢 HE bois de rose 31🌢 HE lavande fine 20🌢 HE cèdre 7🌢 HE géranium bourbon 5🌢 HE muscade 1🌢 HE hélichryse 1🌢 HE rose
Composition cap code	**Composition eve**
60🌢 d'huile de sésame 25🌢 d'huile de noisette 5🌢 d'huile de millepertuis 4🌢 HE sauge sclarée 4🌢 HE lavande fine 1🌢 HE rose 1🌢 HE géranium bourbon 1🌢 HE pin sylvestre	40🌢 d'huile de macadamia 19🌢 d'huile de lin 18🌢 d'huile de jojoba 15🌢 d'huile de noyau d'abricot 5🌢 d'huile de millepertuis 1🌢 HE pin 1🌢 HE styrax benjoin 1🌢 HE rose
Sérum enzo	**Sérum five**
45🌢 d'huile de sésame ou de macadamia 20🌢 d'huile de millepertuis 20🌢 d'huile de noisette 4🌢 HE romarin 3🌢 HE muscade 2🌢 HE menthe douce 1🌢 HE menthe poivrée 1🌢 HE lavande fine 1🌢 HE hélichryse 1🌢 HE géranium bourbon 1🌢 HE girofle 1🌢 HE rose	95🌢 d'huile de macadamia ou de noisette 5🌢 HE rose **Sérum soyance** 25🌢 d'huile de sésame 20🌢 d'huile de noisette 10🌢 d'huile de millepertuis 15🌢 HE lavandin 10🌢 HE géranium bourbon 10🌢 HE lavande fine 10🌢 HE géranium rosat 1🌢 HE rose 1🌢 HE hélichryse

Thés « bio'aromatic »

Bio T digest	Bio T elimin
50🌢 HE orange douce	30🌢 HE citron
15🌢 HE carvi	30🌢 HE gaulthérie
15🌢 HE muscade	15🌢 HE eucalyptus globulus
10🌢 HE mandarine rouge	10🌢 HE mandarine rouge
5🌢 HE menthe douce	10🌢 HE sauge lavandulifolia
5🌢 HE coriandre	5🌢 HE géranium bourbon

Bio T relax	Bio T respir
60🌢 HE orange douce ou mandarine	40🌢 HE orange douce
20🌢 HE lavande fine	20🌢 HE eucalyptus globulus
10🌢 HE marjolaine sylvestre	20🌢 HE mandarine rouge
5🌢 HE sapin blanc	12🌢 HE pin sylvestre
5🌢 HE petit grain	5🌢 HE thym doux
1🌢 HE néroli	3🌢 HE cannelle écorces

Bio T tonic
35🌢 HE orange douce
20🌢 HE romarin
20🌢 HE mandarine rouge
10🌢 HE ylang-ylang
5🌢 HE girofle
5🌢 HE menthe douce
3🌢 HE cannelle écorces
2🌢 HE sarriette

AMO « Aromatic Massage Oil », huile de massage à 5 % d'HE

Bio'soupl
60 🌢 d'huile de sésame
20 🌢 d'huile de macadamia
10🌢 d'huile de noisette
5🌢 d'huile de millepertuis
1🌢 HE gaulthérie
1🌢 HE genévrier
1🌢 HE romarin
1🌢 HE lavande
1🌢 HE marjolaine sylvestre
(+ 1🌢 HE rose ou HE santal ou les deux, facultatif)

ATW « Aromatic Therapy Water »

Bi Ô circul	Bi Ô détox
500 ml d'hyd. de sauge officinale 200 ml d'hyd. d'armoise 100 ml d'hyd. de genièvre 100 ml d'hyd. de cyprès 100 ml d'hyd. de laurier	400 ml d'hyd. de genièvre 300 ml d'hyd. de sauge off. 100 ml d'hyd. de géranium 100 ml d'hyd. de romarin 100 ml d'hyd. d'armoise
Bi Ô digest	**Bi Ô elimin**
450 ml d'hyd. de géranium 250 ml d'hyd. de camomille 100 ml d'hyd. de tanaisie 100 ml d'hyd. de laurier 100 ml d'hyd. de sarriette	300 ml d'hyd. de romarin 200 ml d'hyd. de sauge off. 200 ml d'hyd. d'eucalyptus 100 ml d'hyd. de genièvre 100 ml d'hyd. de sarriette 100 ml d'hyd. de laurier
Bi Ô meno	**Bi Ô purify**
500 ml d'hyd. de sauge off. 300 ml d'hyd. d'armoise 100 ml d'hyd. de laurier 100 ml d'hyd. de géranium	500 ml d'hyd. de romarin 300 ml d'hyd. de menthe 200 ml d'hyd. de thym
Bi Ô relax	**Bi Ô respir**
350 ml d'hyd. de lavande 350 ml d'hyd. de camomille 200 ml d'hyd. de mélisse 100 ml d'hyd. de néroli	450 ml d'hyd. d'eucalyptus 350 ml d'hyd. de sapin 100 ml d'hyd. de thym 100 ml d'hyd. de sarriette
Bi Ô soupl	
500 ml d'hyd. de genièvre 200 ml d'hyd. d'eucalyptus 100 ml d'hyd. de sapin 100 ml d'hyd. de thym 100 ml d'hyd. de mélisse	

Odorations « bio'aromatic »

Bien-être'exotissimo	**Epicé'staccato**
60💧 HE litsea cubeba 25💧 HE eucalyptus stageriana 15💧 HE lemongrass	40💧 HE orange douce ou mandarine 40💧 HE litsea cubeba 10💧 HE muscade 8💧 HE cannelle écorces 2💧 HE girofle
Fresh'mistérioso	**Harmony'adagietto**
65💧 HE orange douce 20💧 HE litsea cubeba 6💧 HE menthe douce 5💧 HE mandarine rouge 4💧 HE menthe poivrée	40💧 HE orange douce 16💧 HE eucalyptus globulus 16💧 HE litsea cubeba 10💧 HE menthe douce 10💧 HE mandarine rouge 5💧 HE cèdre 1💧 HE vanilla 1💧 HE pamplemousse 1💧 HE palmarosa
Provence'vivo	**Relax'passionata**
65💧 HE lavandin 20💧 HE romarin 10💧 HE marjolaine sylvestre 2💧 HE lavande 2💧 HE thym doux 1💧 HE origan	70💧 HE orange douce 15💧 HE mandarine rouge 15💧 HE lemongrass
Respir'allegretto	**Zen'pianissimo**
40💧 HE pin sylvestre 30💧 HE eucalyptus globulus 11💧 HE lavande fine 8💧 HE sapin blanc 5💧 HE romarin 3💧 HE thym doux 2💧 HE thym rouge 1💧 HE cannelle écorces	50💧 HE orange douce 25💧 HE mandarine rouge 25💧 HE litsea cubeba

Huiles de beauté pour le corps à 10 % d'HE

Cocoonino	In salah
47💧 d'huile de macadamia	47💧 d'huile de macadamia
28💧 d'huile de noisette	28💧 d'huile de noisette
10💧 d'huile de jojoba	10💧 d'huile de jojoba
5💧 d'huile de millepertuis	5💧 d'huile de millepertuis
4💧 HE lavande fine	5💧 HE orange douce
3💧 HE géranium bourbon	2💧 HE petit grain
1💧 HE camomille romaine	1💧 HE mandarine rouge
1💧 HE pin sylvestre	1💧 HE néroli
1💧 HE rose	1💧 HE rose

Kuala	Roma
47💧 d'huile de macadamia	47💧 d'huile de macadamia
28💧 d'huile de noisette	28💧 d'huile de noisette
10💧 d'huile de jojoba	10💧 d'huile de jojoba
5💧 d'huile de millepertuis	5💧 d'huile de millepertuis
3💧 HE orange douce	7💧 HE géranium bourbon
2💧 HE lavande ou lavandin	2💧 HE bois de rose
1💧 HE marjolaine sylvestre	1💧 HE rose
1💧 HE néroli	
1💧 HE petit grain	
1💧 HE lemongrass	
1💧 HE rose	

So you
47💧 d'huile de macadamia
28💧 d'huile de noisette
10💧 d'huile de jojoba
5💧 d'huile de millepertuis
3💧 HE orange douce
2💧 HE lavande
1💧 HE camomille romaine
1💧 HE néroli
1💧 HE petit grain
1💧 HE lemongrass
1💧 HE rose

Trousses de secours

Trousse au quotidien

HE lavande	Calme tous les bobos, plaies et brûlures
HE carvi ou DIGôm	Remède miracle des digestions difficiles et de l'aérophagie
HE origan ou APHôm	Antibiotique naturel
HE eucalyptus ou RESôm	Favorise les fonctions respiratoires
HE citron	Renforce les défenses immunitaires. C'est l'huile essentielle type de la femme
HE hélichryse	Évite les hématomes colorés
Argile	Réduit brûlures, plaies, infections, inflammations et douleurs
Sérum *soyance*	Soulage toute inflammation cutanée Derrière l'oreille ou sur le front, il est aussi le parfum rassurant de tous les instants

Trousse des voyageurs

HE lavande	Calme tous les bobos, plaies et brûlures
HE menthe ou HE citron	Puissant bactéricide, assainit et dynamise l'eau de boisson
HE carvi ou DIGôm	Remède miracle des digestions difficiles et de l'aérophagie
HE origan	Antibiotique naturel
HE cannelle	Stoppe les diarrhées en moins de 4 heures.
HE hélichryse	Évite les hématomes colorés
HE camomille ou HARôm	Antispasmodique, calme les allergies et les chocs émotionnels
Un tube d'argile	Réduit brûlures, plaies, infections, inflammations et douleurs
Pilules laxatives, au cas où…	

Préparation à l'hiver

Un diffuseur d'arômes	
HE pin sapin eucalyptus ou *Allegretto*	Composition respiratoire pour diffuseur
HE eucalyptus ou RESôm	Prévention et soins des refroidissements
HE origan sarriette ou thym ou *bio T respir*	Bactéricides puissant
HE citron	Renforce les défenses immunitaires. C'est l'huile essentielle type de la femme

Trousse des sportifs

APHôm	Stimule les performances
RHUôm	Soulage raideurs et douleurs musculaires et articulaires
VIT	Prévention et remède des tendinites
HE bois de rose/hélichryse	Évite les hématomes colorés
Tube d'argile	Réduit brûlures, plaies, infections, inflammations et douleurs
HE menthe	Rafraîchit et dynamise l'eau de boisson tonique
HE lavande	Calme tous les bobos, plaies et brûlures

Trousse aphrodisiaque des gens qui travaillent trop

HE sarriette ou APHôm	L'aphrodisiaque n° 1
HE ylang ylang ou HE rose-géranium ou sérum *enzo*	Pour les massages câlins
Bio T tonic	L'énergisant
Harmony'Adagietto	Spray harmonisant

PARTIE 3

LES RECETTES DE A À Z

Avertissement

Toutes les huiles essentielles et hydrosols dont je parle doivent être naturels, certifiés biologiques et toujours « sortant de l'alambic ». Utiliser des essences ou des arômes de synthèse pourrait amener des contre-résultats voire des dangers (renvois, intolérances, brûlures) et surtout un manque de résultat positif. La qualité en matière d'huiles essentielles est primordiale. Les fabriquer avec amour apporte cette puissance supplémentaire, un paramètre bienvenu et nécessaire dans les temps que nous vivons !

Toutes les indications données n'excluent pas la consultation de votre médecin ou thérapeute holistique.

Comment utiliser ces recettes ?

Le détail des compositions simplifiées se trouve dans la « trousse aromatique » (p. 67).

Des tableaux récapitulatifs en fin d'ouvrage permettent aussi de trouver rapidement le traitement qui convient pour un symptôme donné.

Toutes ces compositions « simplifiées » sont faciles à fabriquer. Pensez à utiliser uniquement des HE de grande qualité.

Abcès (furoncles, panaris)

En médecine naturelle, notre propos est de faire mûrir l'abcès et non de le faire se résorber.

À partir du moment où l'on ressent les premiers tiraillements, un abcès mûrit en quelques jours.

Traitement d'urgence

Faites un cataplasme d'argile à renouveler jusqu'à ce que l'abcès perce (voir p. 51 pour le mode d'emploi).

Alternez les cataplasmes avec une application de 10 gouttes d'HE lavande et 2 gouttes d'HE géranium sur l'abcès puis sur la plaie, jusqu'à cicatrisation complète.

Le cataplasme d'argile peut être remplacé par le cataplasme de chou, le temps de se procurer de l'argile. Au moment où l'on sent l'abcès proche de s'ouvrir, et pour accélérer le processus, appliquez la feuille de chou sur laquelle vous aurez écrasé une gousse d'ail. L'ail ne doit être posé que sur le centre de l'abcès, attention l'ail brûle.

Traitement complémentaire

Au moment où le corps souhaite expulser les toxines par voie d'abcès (panaris, furoncle), l'organisme a besoin d'un maximum de vitalité : pour ce faire, laissez le sujet pendant un à trois jours aux jus de légumes ou aux jus de fruits frais (1 à 3 litres par jour) ou, mieux encore à la diète, à l'eau et infusions si celui-ci le supporte ou est entraîné.

Une tisane laxative ou une purge style Chlorumagène est utile de façon à nettoyer les intestins, ce qui est nécessaire dans la plupart des cas.

Si le sujet est faible, ajoutez un cataplasme d'argile sur le bas-ventre pendant toute la durée du traitement à l'argile sur l'abcès.

Prenez 1 goutte de composition APHôm à laper trois fois par jour ou d'HE cannelle ou d'HE origan dans les mêmes proportions.

À noter

En cas d'abcès dentaire, voir p. 118.

Acné

Les adolescents souffrent de l'acné dans leur cœur autant que dans leur corps. Le plus difficile est de leur faire comprendre l'importance de la suppression des sucres, boissons chimiques et sucrées, confiseries, chocolat, pain, riz et pâtes ! Dans les trois ou quatre premiers jours du traitement, ils voient l'amélioration et sont alors d'accord de continuer à se « priver » (c'est ce qu'ils disent)… Alors le jeu continue et les résultats arrivent.

Traitement d'urgence

Drainez foie et vésicule biliaire avec du jus d'artichaut et de radis noir.

Appliquez sur la peau, matin et soir, et dans l'ordre suivant :

- l'hydrosol de cèdre comme lotion nettoyante ;
- 5 à 7 gouttes de la composition booster *elleonore* en tapotant la zone acnéique ou encore la composition suivante : HE de pin sylvestre, lavandin, lavande fine, cèdre, géranium bourbon, camomille romaine, rose, hélichryse à parts égales ;
- puis le sérum *soyance* ou *enzo*, à base d'huile essentielle de rose infiniment régénératrice.

Après trois semaines de traitement, alternez l'hydrosol de romarin avec l'hydrosol de cèdre.

Continuez hydrosol, composition booster *elleonore* et sérum *enzo* ou *soyance* pendant six à huit semaines, puis en entretien, choisissez parmi ces trois compositions celle qui convient le mieux à votre peau pour le matin et le soir.

Traitement complémentaire

Prenez régulièrement des compléments alimentaires à base de levure alimentaire lyophilisée (vitamine B), de l'huile de germes de blé (vitamine E) et des plantes spécifiques pour la beauté de la peau, de l'huile de carotte, de bardane.

Faites une cure de dix jours de décoction de clous de girofle, un remède indien antiseptique et nettoyant pour éclaircir le teint et assainir l'organisme.

Préparation d'une décoction de clous de girofle

Faites bouillir 100 g de clous de girofle dans 1 litre d'eau.
Laissez réduire de moitié, passez et mettez au frais.
Buvez un petit verre à eau chaque matin à jeun.
Le truc en plus : cette cure de clous de girofle éclaircit le teint !

Dans les dix premiers jours, il est possible que vous ressentiez une « desquamation » de la peau : c'est normal. La sensation de tiraillement cesse après quelques jours. Toutes les cellules en voie de disparition s'éliminent plus rapidement, laissant la place à une peau plus souple, plus belle. De plus en plus de dermatologues commencent à s'intéresser à ces compositions aromatiques.

Le soir, prenez un bain chaud court et décontractant avec 10 gouttes d'HE lavande ou 5 gouttes de *soyance* aux HE rose et géranium. Ajoutez, selon vos envies, quelques gouttes d'HE néroli (pour dormir merveilleusement), de romarin (pour tonifier) ou de santal (pour adoucir).

Prenez une douche fraîche le matin, suivie d'une application d'huile aromatique pour le corps aux HE rose et romarin (tonique) ou aux HE rose, géranium et menthe (rafraîchissante).

Faites des exercices de respiration profonde, au moins cinq minutes le matin et le soir, et préservez-vous un moment de détente chaque jour.

Privilégiez une alimentation saine, exempte d'alcool, de café, thé, sucres et charcuteries, à base de fruits en dehors des repas, de jus de légumes en apéritif, et préférez une alimentation vivante.

À noter

Trois à quatre semaines de cure de jus d'artichaut ou de radis noir à jeun ou une cure de *bio T elimin*, thé aromatique qui favorise le nettoyage du foie et de la vésicule biliaire, associé à *bi Ô elimin* ou *bi Ô digest* (ATW : *Aromatic Therapy Water*/Eaux précieuses aromatiques) sont les bienvenues.

Aérophagie (ballonnements, dyspepsies, fermentations)

Avec la constipation, les digestions lentes et difficiles, l'aérophagie est un des fléaux de notre monde civilisé. Environ 70 % de la population en souffre. Les grands responsables sont l'alimentation dénaturée, trop chimique, cuite, puis les mauvaises habitudes alimentaires et enfin le stress.

Traitement d'urgence

Faites une friction sur l'estomac et le ventre, dans le sens des aiguilles d'une montre, après chaque repas, avec 20 gouttes de composition DIGôm.

À défaut, utilisez 20 gouttes d'HE carvi et HE muscade mélangées à parts égales. Les frictions se feront après chaque repas, trois fois par jour et pendant trois semaines, puis simplement le jour nécessaire.

Prenez également 1 goutte du mélange *bio T digest* trois fois par jour : posez la goutte sur la main et lapez après chaque repas ou préparez-vous un thé aromatique (voir p. 36) avec la même composition.

Buvez 1 litre et demi d'eau par jour avec 5 cuillerées à soupe de *bi Ô digest* ou d'hydrosol de romarin ou de géranium.

Traitement complémentaire

Supprimez les fruits crus de la fin des repas.

Mangez qu'une seule protéine par repas.

Commencez les repas par un apéritif de jus de légumes frais.

Prenez le temps du repas dans le calme.

Mieux vaut manger quelques fruits frais ou secs en guise de repas qu'un sandwich avec une bière et un café !

Pensez à boire en dehors des repas un minimum de 1 litre et demi d'eau par jour avec, si possible, 5 cuillerées à soupe d'hydrosol de menthe, romarin, d'origan ou de sarriette ou *bi Ô digest.*

Lapez 1 goutte d'HE menthe douce ou poivrée selon votre tempérament ou encore le *bio T digest* après chaque repas : 5 à 6 gouttes d'une de ces compositions à mélanger à de l'eau chaude et du miel pour un thé aromatique digestif qui « assainit » les fermentations intestinales.

Favorisez la respiration consciente et les exercices abdominaux qui activent les mouvements du ventre et tendent à faire diminuer les problèmes d'aérophagie.

À noter

> **La composition DIGôm soulage et « déballonne » dans la demi-heure qui suit (prévoir durant cette demi-heure un espace tranquille : vous allez éliminer beaucoup de vents !). Depuis trente ans, c'est mon « remède miracle » pour l'aérophagie ! Elle peut se prendre à raison de 1 goutte avant un repas que l'on présume très lourd ou un apéritif conséquent, pour en diminuer les conséquences.**

Allergie (sinusite, rhume des foins)

L'organisme surchargé, intoxiqué, réagit à sa manière. Pour être étonnante, sa faculté d'adaptation à la plupart des erreurs de notre mode de vie n'est pas infinie. On peut remarquer qu'à la suite d'une transformation de l'hygiène de vie, d'un rééquilibrage énergétique, la plupart des allergies dites « incurables » régressent. Le traitement d'urgence n'est qu'un palliatif momentané, un traitement de terrain est nécessaire : un bon naturopathe ou thérapeute travaillant sur la nutrition, l'énergétique et, éventuellement, la psychologie du sujet obtiendra de bons résultats. Sachez que l'on n'est pas allergique à vie !

Traitement d'urgence

L'huile essentielle type des allergies et de la sinusite est l'HE camomille qui, en symbolique, représente le soleil.

Branchez dans votre chambre, une heure avant le coucher, un diffuseur d'arômes avec quelques gouttes du mélange suivant : HE lavande (60 ml) et HE camomille (5 ml) et une ou deux heures par jour sur votre lieu de travail.

Faites une friction avec 20 gouttes de la composition HARôm pendant environ trois semaines matin et soir, sur le plexus solaire, la nuque, la base de la colonne vertébrale et la plante des pieds, puis alternez avec la composition RESôm ou un mélange à parts égales d'HE pin sylvestre et d'HE eucalyptus globulus.

Prenez 1 goutte d'HE camomille romaine à laper sur la main trois fois par jour.

Buvez 1 litre et demi par jour avec 5 cuillerées à soupe d'hydrosol de camomille, laurier, mélisse en alternance.

En cas de sinusite ou rhume des foins

Appliquez l'HE de camomille romaine ou la composition HARôm le long des sourcils et sur les joues en tirant vers les oreilles, puis sur le front en remontant et enfin sur le cou et la nuque.

Branchez un diffuseur d'arômes avec des compositions respiratoires à base d'HE d'eucalyptus, de lavande, pin, sapin, niaouli, cajeput, thym ou romarin ou la composition respiratoire *allegretto*.

Traitement complémentaire

Un bon traitement de fond avec un naturopathe est conseillé.

Supprimez de votre alimentation tous les sucres, féculents et fromages, les charcuteries et, également, tous les produits en conserve, congelés et « chimiqués ».

Prenez un grand verre de jus de légumes avant chaque repas et des fruits frais en dehors des repas.

Faites un jour par semaine de monodiète aux fruits ou aux jus de légumes[11].

11. Téléchargez gracieusement le livre *Mailgrir* de Nelly Grosjean sur le site www.nelly-grosjean.com

Amincissement (embonpoint, obésité[12])

Dans toutes les cures d'amincissement, il est à noter que l'organisme doit éliminer plus, tout en absorbant uniquement des aliments sans déchets ni toxines. Pour quelques kilos à perdre, une cure de jus de légumes, de un à sept jours, fera éliminer cet excédent en densifiant les cellules : la perte de volume est plus importante que la perte de poids et la vitalité est accrue. Les huiles essentielles permettent d'augmenter vos possibilités d'élimination. On se densifie, on dégonfle et on perd du volume avant de perdre du poids.

Pour un traitement de choc, lisez et appliquez ce qui suit. Le volume fond, le punch revient et on mange à sa faim ! Après une semaine, le résultat est déjà visible sur le cran de la ceinture et sur le visage. La peau s'éclaircit et le moral aussi !

C'est facile à observer, c'est ma cure détox, « maigrir intelligemment », qui donne, depuis plus de trente ans, d'excellents résultats. Si je vous dis que la métamorphose est magique (avec un peu de volonté tout de même), vous aurez peine à me croire. Courage ! Suivez mes conseils et mettez-les en application : soyez assuré(e) que l'on ne reprend pas tout le poids perdu au premier gâteau (bien sûr interdit) mangé !

Traitement d'urgence

C'est ici un traitement de cure de trois à six semaines, à renouveler jusqu'à obtention du résultat.

Buvez 2 à 3 litres par jour d'infusion dépurative, de *bio T elimin* ou d'hydrosol préparé comme suit : mélangez 5 cuillerées à soupe d'hydrosol de genièvre, sureau ou sauge en alternance, ou encore *bi Ô elimin*, *bi O détox* ou *bi* Ô *soupl* à 1,5 litre d'eau.

12. Lire *L'aromathérapie beauté* du même auteur, Éditions 5 ml, 2007. L'édition 2013 est téléchargeable gracieusement sur le site www.nellygrosjean.com.

Deux fois par jour, lapez 2 gouttes de composition MINôm ou du mélange suivant : HE genièvre, géranium, bouleau, citron à parts égales. Dans un premier temps, vous pouvez prendre simplement de l'HE citron.

Matin et soir, faites une friction pendant trois semaines sur le plexus solaire, la nuque et la base de la colonne vertébrale avec 20 gouttes de composition MINôm. Alternez ensuite la composition APHôm le matin et HARôm le soir, puis revenez à MINôm.

Si vous avez des problèmes circulatoires, faites une friction matin et soir sur les pieds et les jambes avec 20 gouttes des compositions CELôm et FFFôm mélangées à parts égales.

Prenez un bain chaud de détente avec 5 gouttes du sérum *soyance* ou 5 gouttes d'HE lavande, suivi d'un moment de respiration consciente/détente.

Une fois par semaine, faites une journée de fruits frais et uniquement cela, ou une journée de jus de légumes qui désintoxiquent et revitalisent l'organisme.

Veillez à une bonne élimination intestinale chaque jour. Sinon, prenez quelques plantes laxatives ou une purge de Chlorumagène (voir « Les grands soins » p. 51).

Repas et potions de la journée

Matin : eau, hydrosol et petit déjeuner de fruits à volonté (pensez aux délicieuses purées de fruits).

10 heures : eau, hydrosol et huiles essentielles.

Déjeuner : un ou deux grands verres de jus de légumes, frais si possible, suivis d'une salade ou d'une protéine au choix (pensez aux graines germées et aux algues particulièrement revitalisantes).

16 heures : eau, hydrosol et jus de légumes ou purée de fruits si vous avez faim.

Dîner au choix, après avoir bu l'hydrosol :

- Première version : un grand verre de jus de légumes (500 ml) et un potage de légumes sans pomme de terre ou une soupe crue.

- Seconde version : un grand verre de jus de légumes et une salade de crudités avec graines germées ou algues ou œuf à la coque ou poisson.

Avant le coucher : hydrosol et huiles essentielles.

Selon votre emploi du temps, le menu du dîner peut être inversé avec celui du déjeuner.

À noter

> **Tous ces conseils sont à titre indicatif et conviennent à la plupart d'entre nous. Ils n'excluent pas la consultation de votre médecin traitant.**

Angine

L'angine est un problème infectieux qui se solde en deux à trois jours avec la diète et quelques huiles essentielles.

Traitement d'urgence

Mettez-vous au repos, au calme et au chaud, et à la diète pour un ou deux jours.

Branchez un diffuseur d'arômes dans la chambre en permanence avec HE eucalyptus, pin et lavande ou encore HE eucalyptus, pin, thym, origan et cannelle.

Boire trois à quatre « grogs aromatiques » dans la journée : HE menthe, cannelle, origan et thym, 2 gouttes de chaque à diluer dans une cuillerée de miel et un peu d'eau chaude ; ajoutez l'eau chaude en quantité suffisante pour obtenir un grand bol.

Faites une friction matin et soir avec la composition RESôm ou APHôm. Appliquez 5 à 6 gouttes HE origan sur la plante des pieds matin et soir.

Buvez 1 à 2 litres d'eau, ou de citron pressé chaud (sans sucre, avec miel ou sans) ou d'infusion de thym, romarin ou sauge dans la journée ou encore l'hydrosol *bi Ô purify*.

Gargarisez-vous avec une cuillerée à soupe d'hydrosol de sauge deux à trois fois par jour.

Traitement complémentaire

Pensez à nettoyer les intestins avec une tisane laxative douce ou une cuillerée de Chlorumagène, à prendre le soir de préférence.

Continuez à boire les « grogs aromatiques », à faire les frictions et à respirer les HE pendant quelques jours (pensez que toutes les HE sont aseptisantes et bactéricides).

Retrouvez une alimentation équilibrée, légère et saine à base de fruits, jus de fruits frais, jus de légumes, crudités, graines germées et fruits secs et séchés.

Supprimez les sucres et plats lourds à digérer.

Angoisse, anxiété : dépression, neurasthénie, mélancolie, fatigue nerveuse, agressivité, violence

Angoisse, anxiété : les grands fléaux de notre civilisation dont le premier responsable alimentaire serait le sucre ! Bien sûr, il existe une multitude de facteurs déclenchant et de facteurs d'aggravation.

Un traitement de fond est nécessaire : il est possible de se soigner avec les médecines naturelles, en commençant par transformer la nutrition, puis en pratiquant détente, bains, sophrologie, marche, nature, quelques « recettes d'aromathérapie », fleurs de Bach, psychologie ou retour sur soi avec l'aide d'un thérapeute. Angoisse, anxiété, dépression sont des maladies à part entière et non des vues de l'esprit comme certaines personnes aiment à le penser. Ces maladies sont insidieuses puisqu'elles ne se voient pas. Elles relèvent d'un vrai traitement et ne doivent pas être considérées à la légère.

Traitement d'urgence

Lapez 1 goutte HE basilic et HE marjolaine trois à cinq fois par jour, en dehors des repas. Vous pouvez aussi prendre, à la place, le thé antistress relax : mélangez à parts égales les HE basilic, marjolaine et mandarine (5 à 6 gouttes), ajoutez un verre d'eau chaude et une cuillerée à café de miel ou de fructose (facultatif).

Faites une friction matin et soir avec 20 gouttes de composition NERôm ou STRôm sur le plexus solaire, la nuque, la base de la colonne vertébrale et la plante des pieds. Faites cette friction deux fois dans la soirée : avant le dîner et avant le coucher.

Buvez *bi Ô relax* ou de l'hydrosol de néroli, mélisse ou camomille à raison de 4 à 5 cuillerées à soupe dans 1 litre et demi d'eau par jour.

Respirez avec conscience et vaporisez dans l'atmosphère les compositions *passionata* ou *pianissimo,* calmantes !

Prenez une purée d'ortie crue, au moment de la crise, pour stopper radicalement les idées noires dans les vingt minutes qui suivent ! Qu'on se le dise, c'est un remède de grand-mère, tout comme l'huile de ricin.

Préparation d'une purée d'ortie

Ramassez des orties fraîches avec des gants ou sans respirer.
Passez-les au mixer, ajoutez huile d'olive, sel et poivre (ou 1 cuillerée à café de purée d'amandes) et dégustez.
Attention : ne faites pas cuire les orties !

Faites une cure de gélules d'huile de millepertuis ou prenez 1/2 cuillerée à café d'huile de millepertuis par jour (considérée comme le nouvel antidépresseur !).

Un lavement (voir p. 56) libère rapidement les idées noires. L'irrigation colonique est salutaire avec les mêmes effets. De plus en plus de praticiens holistiques la proposent en institut.

Faites une purge à l'huile de ricin (voir p. 63) en période de crise.

Traitement complémentaire

Supprimez sucres, sucreries et tous excitants (café, thé, chocolat…).

Prenez des jus de légumes en apéritif et aussi souvent que possible dans la journée : ils sont très reminéralisants et constituent une nourriture simple, saine et tonique du système nerveux.

Ajoutez 1/2 cuillerée à café (ou 3 gélules) d'huile de germes de blé par jour à votre alimentation.

Prenez de l'huile de millepertuis, 1/2 cuillerée à café par jour, ou en gélules : c'est un antidépresseur naturel.

Consommez des aliments crus le plus possible : crudités, graines germées, fruits.

Prenez un bain de détente avec 5 gouttes d'HE lavande ou 5 gouttes de *soyance*, suivi d'un temps de repos récupérateur.

Buvez du thé antistress relax (*bio T relax*) plusieurs fois par jour.

À noter

Il y a une balance étonnante entre l'élimination des toxines et les idées noires ! On élimine toxines et déchets, on nettoie les intestins, on ajoute un bon carburant – le cru, les huiles essentielles – et le moral revient ! C'est magique ! Les HE basilic et marjolaine sont réellement des remèdes « antidéprime » à emporter avec soi dans un sac ou dans sa poche et à prendre dès que les idées confuses pointent leur nez.

Aphte, dartre

Aphte et dartre sont les manifestations extériorisées d'un trop-plein digestif.

Traitement d'urgence

L'HE citron sera le sauveur : appliquez 2 à 3 gouttes chaque heure jusqu'à disparition.

Traitement complémentaire

Mettez-vous à la diète un jour ou deux, ou faites une cure d'un ou deux jours de fruits, et uniquement de fruits, toute la journée.

Buvez beaucoup d'eau avec 5 cuillerées à soupe d'hydrosol d'origan, de romarin, sarriette ou menthe, toutes plantes digestives ou encore de *bi Ô purify*.

Supprimez totalement sucres et féculents.

Pensez à une bonne élimination intestinale, sinon prenez une tisane laxative douce.

Faites une friction MINôm matin et soir à raison de 20 gouttes appliquées sur le plexus solaire, la nuque, la base de la colonne vertébrale et la plante des pieds pendant trois semaines.

Asthme, bronchite, bronchite chronique

L'ensemble des techniques de médecine naturelle résout en grande partie les problèmes d'asthme. Cependant, le terrain prédisposé restera asthmatique. On remarque qu'une légère transformation de l'alimentation et un traitement aromatique donne des résultats souvent étonnants et rapides.

Traitement d'urgence

En période de crise : branchez un diffuseur d'arômes nuit et jour dans la pièce à vivre, bureau ou chambre à coucher avec, en alternance, 40 gouttes par jour d'un des mélanges suivants appelés « compositions respiratoires » pour diffuseur d'arômes :

- HE eucalyptus, pin sylvestre, lavande : 20 ml de chaque ; HE cannelle de Sumatra, thym, romarin : 5 ml de chaque ;
- HE pin sylvestre, sapin blanc, cèdre, orange, 15 ml de chaque ;
- HE eucalyptus et pin sylvestre (ou sapin) à parts égales.
- Composition décontractante et antiallergie pour le soir : HE bois de rose (30 ml), camomille (5 ml), santal de Mysore (5 ml), rose (1 goutte).

Faites une friction matin et soir sur le plexus solaire, la poitrine, le cou, la nuque, la base de la colonne vertébrale et la plante des pieds avec 20 gouttes de composition RESôm ou d'un des mélanges suivants : HE eucalyptus, pin sylvestre, romarin, 5 ml de chaque ; HE cannelle de Sumatra, verveine odorante, hysope, 1 ml de chaque ; HE rose 1 goutte. Ou encore HE lavande et eucalyptus à parts égales.

Préparez 1 litre et demi d'eau avec 5 cuillerées à soupe d'hydrosol d'hysope, de thym ou d'eucalyptus, à boire dans la journée ou de *bi Ô respir*.

Traitement complémentaire

Supprimez impérativement sucres, sucreries, pains, riz, pâtes, même complets : tous les asthmatiques et les bronchiteux sont des adorateurs de ces aliments défendus pour eux.

Une à deux journées de diète au bouillon de légumes, jus de fruits frais ou jus de légumes (au choix, ne mélangez pas) sont nécessaires en cas de crise.

Faites des inhalations avec 5 gouttes du mélange pour friction (voir p. 54).

Un bain de détente, relaxant et court, avec 5 gouttes d'HE lavande ou de sérum *soyance*, une fois par jour, est conseillé.

Blessures, ampoules, escarres, plaies

Pour les plaies et blessures bénignes, les huiles essentielles de lavande et de géranium vont aseptiser et faire cicatriser aisément.

Traitement d'urgence

Quelles que soient la plaie et son ampleur, utilisez l'HE lavande ou lavandin : elle nettoie, calme et aseptise.

Faites un cataplasme d'argile (voir p. 51) : sur les blessures et les plaies ouvertes, pensez à mettre une gaze entre la plaie et le cataplasme (en l'absence d'argile, utilisez l'huile de millepertuis, « l'huile rouge de nos grands-mères », en application sur les plaies).

Alternez HE lavande, argile et huile de millepertuis jusqu'à cicatrisation complète, puis utilisez *soyance*.

Pour les escarres, utilisez l'HE lavande seule ou le mélange HE lavande et l'huile de millepertuis à parts égales ; continuez à régénérer la peau avec le sérum *soyance*. Cette composition, qui adoucit et régénère, s'utilise aussi à raison de 5 gouttes dans l'eau du bain. Elle favorise la cicatrisation, diminue les vergetures et les cicatrices anciennes.

À noter

La cicatrisation à l'argile ne laisse aucune trace de la plaie à condition de cesser l'application d'argile uniquement au moment où la peau est parfaitement belle, souple et lisse. L'alternance argile et *soyance* est la plus recommandée.

Brûlures

Traitement d'urgence

Appliquez quelques gouttes d'HE lavande sur la brûlure.

Faites un cataplasme d'argile, bien épais, de 1 à 2 bons centimètres, à renouveler dès que la sensation de brûlure réapparaît.

Sur des brûlures profondes et importantes en superficie, mettez l'argile plus liquide et n'attendez pas qu'elle sèche complètement pour renouveler cette opération.

Sur des personnes particulièrement sensibles, appliquez en alternance l'huile de millepertuis avec le cataplasme d'argile afin d'éviter les tiraillements lorsque le cataplasme est enlevé.

Sur une brûlure des pieds par exemple, trempez les pieds dans l'argile liquide, façon pâte à crêpes : le soulagement est immédiat.

Précautions

Ne réutilisez jamais l'argile ayant déjà servi.

Rincez bien à l'eau puis à l'hydrosol de lavande la brûlure avant l'application du nouveau cataplasme.

N'hésitez pas à faire les cataplasmes environ toutes les trois ou quatre heures dans les premiers jours.

L'argile ne sèche pas dans les premières applications mais devient comme gluante ; il semblerait que plus la cicatrisation est proche, plus l'argile sèche vite.

Continuez les cataplasmes d'argile en alternance avec les applications d'huile de millepertuis et d'HE lavande jusqu'au renouvellement parfait de la peau neuve.

Pour exemple, les brûlures à l'huile bouillante sur les pieds, les jambes ou autres parties du corps vont mettre environ trois semaines à cicatriser.

Les cicatrices n'existeront pas si les cataplasmes sont réguliers et jusqu'à guérison parfaite.

À noter

- **Sur des brûlures de grande amplitude, qui affectent profondément l'état général, le conseil est de laisser la personne à la diète, aux jus de fruits ou de légumes frais et d'éviter toute nourriture intoxicante. Il est indispensable de boire au moins 2 à 3 litres d'eau ou d'infusion par jour : toute l'énergie vitale qui ne sera pas utilisée pour digérer sera mobilisée pour reconstituer les tissus lésés.**
- **Vaporiser de l'hydrosol de menthe, à raison de 2 cuillerées à soupe par litre, rafraîchit particulièrement.**
- **Il existe des guérisseurs ou « passeurs de feu » : en une séance, ils « coupent » le feu et il n'y a jamais de cicatrices.**

Calculs urinaires, biliaires, coliques néphrétiques

Il est nécessaire de procéder à un supertraitement de terrain. Les conseils suivants ne sont que d'urgence avant consultation. De bons guérisseurs ou magnétiseurs sont les plus aptes à « faire passer » les calculs biliaires ou urinaires.

Traitement d'urgence

Mettez-vous à la diète sans tarder, buvez uniquement et à profusion eaux, infusions style harpagophytum ou aubier de tilleul ou eau et hydrosols de sureau, genièvre ou encore *bi Ô soupl* pour les calculs urinaires et hydrosols de romarin ou origan ou *bi Ô elimin* pour les calculs biliaires.

Faites un bain de siège à frictions (voir p. 55).

Pour les calculs urinaires : appliquez 20 gouttes de la composition RHUôm sur les reins en alternance avec friction de lavande ou composition NERôm toutes les deux heures ou encore l'HE lavande et HE genièvre à parts égales.

Pour les calculs biliaires : appliquez la composition MINôm sur la poitrine, le thorax, la nuque, la base de la colonne vertébrale et la plante des pieds avec 20 gouttes toutes les deux heures.

Consultez immédiatement votre médecin holistique.

Pour les coliques néphrétiques : appelez le Samu, frictionnez tout le corps avec de l'HE lavande pour détendre, buvez beaucoup en attendant…

Traitement complémentaire

Pratiquez massages relaxants, détente, bains chauds avec 5 gouttes d'HE lavande ou d'AMO *bio'soupl* (AMO : *Aromatic Massage Oil*/huiles de massage aromatiques).

Pour la prévention des calculs urinaires, les aliments à proscrire sont les produits laitiers, les fromages et tous les aliments excitants et/ou acidifiants.

Pour la prévention des calculs biliaires, les aliments à proscrire sont toutes les graisses animales, les viandes, les fromages et les sucres.

Cheveux : alopécie, chute, calvitie, cheveux dévitalisés, pellicules, séborrhée

Depuis plus de trente ans, j'ai noté que la santé du cheveu dépend de l'état général et principalement du bon fonctionnement du foie et des intestins. À la suite d'une remise en forme, l'état de la peau et du cheveu s'améliore automatiquement. Oui, il est possible de faire repousser des cheveux, j'en ai des exemples étonnants.

Traitement de choc

Pendant six à huit semaines, faites une friction deux fois par semaine du cuir chevelu avec 50 gouttes de la composition *big sur* cheveux (mélange HE de cèdre, romarin, sauge, thym, ylang-ylang et lavande à parts égales). Massez gentiment. Conservez au moins quatre heures, ou toute la nuit si possible.

Faites régulièrement un shampooing doux (naturel chaque fois que possible).

Massez-vous le cuir chevelu chaque jour avec de l'hydrosol de cèdre pendant une semaine et avec le spray « lotion cheveux » la semaine suivante : synergie d'hydrosols de sauge officinale, cèdre, lavande, thym, menthe et romarin à parts égales, puis continuez pendant au moins six à huit semaines en alternant.

Si les cheveux sont gras : ajoutez le spray « lotion cheveux » précédemment cité ou de l'eau aromatique de cèdre en friction chaque jour pendant une semaine.

Si les cheveux sont secs : faites une fois par semaine une application d'huile de jojoba ou d'huile de germes de blé mélangée avec 10 gouttes de *big sur* ou avec de l'huile précieuse à la rose *roma* (une cuillerée à soupe) ou encore la composition spéciale *cap code*, embellisseur cheveux.

Si les cheveux sont dévitalisés, ternes ou avec pellicules : pendant trois à neuf semaines, faites une friction deux fois par semaine du cuir chevelu avec la composition *big sur*. Massez doucement. Conservez au moins quatre heures, ou toute la nuit chaque fois que possible.

Traitement complémentaire

Faites une cure de radis noir et d'artichaut, puissants draineurs du foie et de la vésicule biliaire (en jus, ampoules ou gélules) pendant trois semaines ; stoppez une semaine et reprenez trois à six semaines voire plus.

Faites une cure de levure alimentaire lyophilisée, en poudre ou en gélules (en magasin bio), ajoutez chaque jour de la levure alimentaire sur vos crudités et prenez cette habitude pour la vie : c'est un complément de vitamines du groupe B, indispensable pour combler les carences et retrouver de beaux cheveux.

Mangez le plus cru possible et prenez des apéritifs de jus de légumes : c'est excellent pour les cheveux, pour la peau et pour le tonus !

À noter

Après quelque dix jours d'application de ce traitement de choc, les cheveux fatigués tombent encore plus vite : en effet, tous ces cheveux « dégénérés » s'éliminent et de nouveaux duvets commencent à apparaître !

Cholestérol

Le cholestérol se résorbe avec une transformation de l'alimentation. Les abus systématiques concourent à élever son taux, chacun le sait. Les huiles essentielles permettent un meilleur fonctionnement des métabolismes digestifs et d'élimination.

Traitement d'urgence et de prévention

Faites une friction aux huiles essentielles, matin et soir, avec 20 gouttes de composition MINôm.

Buvez 1 goutte de composition MINôm dans un verre d'eau, trois fois par jour pendant trois à six semaines, en cure trois ou quatre fois par an.

Faites une friction avec 20 gouttes de composition DIGôm sur le ventre dans le sens des aiguilles d'une montre après chaque repas.

Préparez une boisson aromatique avec 1 litre et demi d'eau, 2 cuillerées à soupe d'hydrosol de genièvre et 2 d'hydrosol d'eucalyptus, à boire dans la journée en dehors des repas, ou encore 5 cuillerées à soupe de *bi Ô digest* ou *bi Ô elimin* dans votre eau quotidienne.

Faites une cure de trois semaines de radis noir et d'artichaut en jus, ampoules ou gélules.

Faites une cure de thé aromatique *bio T elimin* : 2 ou 3 tasses à 1 litre par jour.

Vous pouvez remplacer ce thé aromatique par 1 goutte d'HE romarin ou de *bio T elimin* à laper deux à trois fois par jour.

Ajoutez des graines de courge à grignoter en apéritif ou pour les petites faims de la journée : elles semblent phagocyter le « mauvais » cholestérol.

Traitement complémentaire

Ajoutez à l'alimentation quotidienne 2 ou 3 grands verres de jus de légumes, principalement de radis noir, de céleri, de chou…

Mangez le plus cru possible à chaque repas avec une seule protéine par repas.

Buvez beaucoup d'eau ou d'eau aromatisée en dehors des repas avec les compositions *bi Ô elimin, bi Ô digest* ou *bi Ô détox*.

Veillez à une bonne élimination intestinale.

Supprimez bien sûr toutes graisses animales, plats cuisinés, conserves, excès de fromages et de produits laitiers.

À noter

> **Pour la petite histoire, trois à quatre semaines avant leur analyse « cholestérol et triglycérides », certains messieurs font scrupuleusement leur cure avec MINôm et DIGôm, les dames aussi !**

Cicatrices, vergetures

Récentes ou anciennes, il est possible d'améliorer considérablement cicatrices et vergetures : avec un peu de patience et une pratique journalière jusqu'à l'obtention du résultat !

Traitement d'urgence (et de longue haleine !)

Cicatrices

Alternez cataplasme d'argile (voir p. 51), le soir par exemple, et la composition aromatique *soyance* en application le matin.

Cicatrices récentes : appliquez *soyance* en compresses deux à trois fois par jour.

Cicatrices après brûlures : alternez argile et *soyance*.

Pour accélérer encore les résultats sur les plaies fermées, appliquez la composition booster *elleonore* : c'est un exceptionnel régénérateur tissulaire utilisé en préparation des liftings et en postcure par certains chirurgiens plasticiens (c'est une reconnaissance supplémentaire de l'efficacité de cette composition aromatique), puis appliquez *soyance*.

Un autre bon mélange pour réduire les cicatrices : huile de millepertuis avec HE lavande, bois de rose, palmarosa, géranium rosat, romarin à parts égales et pour 30 % de la composition.

Continuez jusqu'à disparition totale de la cicatrice : l'assiduité est le garant du résultat.

Une nouvelle méthode venant des États-Unis, appelée *Aroma Cupping*[13], utilise des ventouses animées pour oxygéner les couches sous-cutanées, réduire les cicatrices, redonner de l'élasticité à la peau et effacer ridules et rides en quelques séances. Le *process* stimule et réactive le système lymphatique. Les chirurgiens esthétiques utilisent *Aroma Cupping* avant et après les opérations pour favoriser les cicatrisations et éviter les chéloïdes.

Vergetures

Appliquez matin et soir *soyance* jusqu'à disparition des vergetures. Cette application permet aussi de prévenir les vergetures dans le cas d'une grossesse ou d'une perte de poids importante.

Ou appliquez la composition suivante : 10 ml d'HE lavande, 10 ml d'HE géranium, 10 ml d'HE bois de rose, 1 goutte d'HE rose dans 70 ml d'huile de millepertuis et d'huile de noisette ou de cameline.

Continuez jusqu'à disparition totale des vergetures, l'assiduité est le garant du résultat.

13. Consultez le site : www.massagecupping.eu

Traitement de fond

Ajoutez aux repas de l'huile de germes de blé à raison de 1/2 cuillerée à café par jour : c'est un aliment régénérateur des cellules, riche en vitamines E.

À noter

> **Toutes les cicatrices récentes, liées à des plaies, des accidents ou des brûlures s'effaceront d'autant plus vite que l'état général est bon. Des problèmes circulatoires ou infectieux, une faiblesse du système immunitaire ralentissent les cicatrisations : manger sainement, éliminer correctement, ajouter des éléments revitalisants concourent à une cicatrisation accélérée.**

Circulation : jambes lourdes, varices, cellulite, ulcères variqueux

Les problèmes de circulation concernent 70 % des femmes et 40 % des hommes : une maladie de civilisation dans laquelle l'hygiène de vie est prépondérante. Changez quelques habitudes : respiration, exercice physique, alimentation, et ajoutez quelques huiles essentielles aromatiques… Les huiles essentielles de cyprès et sauge sont les préférées.

Traitement de cure

Pour tout problème circulatoire, faites le traitement suivant six semaines minimum à chaque changement de saison.

Faites une friction matin et soir avec 20 gouttes du mélange CELôm et FFFôm à parts égales sur la plante des pieds, les mollets, les cuisses et les fessiers. À défaut, utilisez le mélange HE lavande fine, sauge sclarée et cyprès vert à parts égales.

Buvez 1 goutte de composition CELôm trois fois par jour pendant six semaines.

Posez sur la main et lapez en alternant chaque semaine 1 goutte de composition FFFôm et 1 goutte de la composition suivante : 70 ml d'HE cyprès, 20 ml d'HE sauge officinale et 10 ml d'HE menthe douce.

Buvez 1 litre et demi d'eau par jour avec 4 à 5 cuillerées à soupe d'hydrosol de sauge, de cyprès ou d'armoise en alternance ou encore de la composition *bi Ô circul* (ATW : *Aromatic Therapy Water*/Eaux précieuses aromatiques).

Supprimez viandes rouges, graisses animales, plats cuisinés, excès de fromages.

Ajoutez des jus de légumes frais en apéritif, des fruits en dehors des repas, beaucoup d'eau entre les repas, du jus de citron sans sucre et beaucoup d'ail…

Pratiquez trois minutes de respiration consciente, matin et soir, en faisant travailler votre sangle abdominale.

Reprenez de l'exercice physique progressivement suivi d'une séance de relaxation.

Pour dormir, surélevez les jambes de trois centimètres au moins avec deux cales identiques sous les pieds de lit.

Faites un bain de pieds chaud-froid avant le coucher, suivi d'une application de composition FFFôm.

Traitement complémentaire

En cas d'ulcères variqueux

Consultez votre médecin holistique. Appliquez des cataplasmes de chou ou des compresses d'HE lavande et millepertuis à parts égales.

En cas de fourmillement dans les jambes

Consultez votre médecin holistique. Ajoutez des séances d'acupuncture, de drainage lymphatique ou de rééquilibrage énergétique.

En cas de crampe régulière dans les jambes

Consultez votre médecin holistique. Ajoutez une cure de fer assimilable (jus d'épinard, d'ortie, de persil par exemple ou Floradix rouge), une cure d'oligo-éléments et de l'acupuncture.

Jambes lourdes, pieds chauds après une longue exposition au soleil

Appliquez de l'hydrosol de menthe, puis la composition FFFôm.

Après une station debout prolongée

Appliquez 20 gouttes de composition FFFôm du pied à la hanche, deux à trois fois dans la journée.

La cellulite

La cellulite provient d'un problème circulatoire doublé d'un manque d'oxygénation cellulaire : respiration, détente, exercice physique, sommeil, bien-être et alimentation saine la font régresser. Évitez les fortes frictions au gant de crin, elles augmentent la cellulite ! Préférez de bonnes frictions à mains nues ou avec un gant de toilette sec et des huiles essentielles, type CELôm ou FFFôm.

Matin et soir, appliquez la composition CELôm et FFFôm de la plante des pieds à la hanche en cure de trois, six ou neuf semaines. Renouvelez jusqu'à obtention du résultat. À défaut, utilisez le mélange HE lavande fine, sauge sclarée et cyprès vert à parts égales.

À noter

> **Saviez-vous que l'impuissance passagère nécessite aussi un traitement circulatoire ? En plus des huiles essentielles spécifiques, ajoutez une cure de friction APHôm matin et soir et buvez 1 goutte d'APHôm ou *bio T tonic* 4 à 5 fois par jour.**

Cœur (faiblesse, tachycardie, palpitations)

Pour prévenir les accidents cardiaques, une hygiène de vie saine est assurément la meilleure des préventions : elle englobe alimentation saine, élimination du stress, équilibre des énergies du matin et du soir, temps de relaxation obligatoire et régulier, et le maintien d'une bonne forme physique avec des exercices progressifs et doux, comme la marche, le yoga, le jardinage…

Traitement d'urgence

Appelez votre médecin ou le Samu.

Traitement de prévention

En cure régulière de trois à six semaines, trois ou quatre fois par an, faites une friction matin et soir avec 20 gouttes de composition HARôm sur le plexus solaire, la nuque, la base de la colonne vertébrale et la plante des pieds.

Les gélules d'aubépine, à prendre régulièrement trois semaines sur quatre, sont recommandées en cas de faiblesse du cœur.

En période de fatigue générale, faites une friction aux huiles essentielles le matin avec la composition APHôm (dynamisant des corticosurrénales) et le soir avec la composition NERôm (détente) ou HARôm (harmonie).

Pratiquez détente, relaxation, marche ou exercice non violent.

Veillez surtout à une alimentation saine excluant graisses animales, plats cuisinés, alcools, excitants…

Acupuncture ou réflexothérapie, massage et rééquilibrage énergétique sont conseillés.

Pratiquez sauna et hammam uniquement avec l'approbation de votre médecin traitant.

Colite

La plupart des colites se soignent avec les médecines naturelles, une alimentation appropriée et une cure de drainage de l'organisme suivie d'une cure de revitalisation. Le traitement peut être long – trois à six mois – et l'expérience en naturopathie montre que, dans la plupart des cas, les résultats sont inattendus ! En général, on n'y croyait plus !

Traitement d'urgence

Faites une friction après chaque repas sur le ventre, dans le sens des aiguilles d'une montre, avec 20 gouttes de composition DIGôm, ou un mélange d'HE carvi, muscade et lavande à parts égales.

Prenez 1 goutte d'HE cannelle de Sumatra ou de Ceylan, posez sur la main 1 goutte et 1 seule et lapez, trois à quatre fois par jour ; ne jamais frictionner l'HE cannelle sur la peau, elle brûle !

Chaque soir, en période de crise, prenez un bain chaud de détente avec 10 gouttes d'HE lavande ou 5 gouttes de *soyance*… dans votre bain !

Les monodiètes aux pommes cuites sont calmantes en période de crise : la monodiète consiste à ne manger qu'un seul aliment et le même tout au long de la journée ; ici les pommes cuites, au four par exemple, et sans sucre sont parfaites. Des pommes bio ou de votre verger évidemment !

Traitement complémentaire

Pour l'état général affaibli, faites matin et soir une friction aromatique avec 20 gouttes de composition HARôm sur le plexus solaire, la nuque, la base de la colonne vertébrale et la plante des pieds.

Rééduquez les intestins fragiles avec un petit verre de jus de légumes crus et frais avant chaque repas ; augmentez progressivement les doses comme on le ferait pour un enfant. Les jus de légumes sont très riches en vitamines, sels minéraux et oligo-éléments et sont supportés par tous les intestins, mêmes très fragiles : ils ne contiennent ni fibres ni toxines difficiles à éliminer ou irritantes.

Supprimez, bien sûr, tous les sucres et sucreries, tous les aliments irritants et rééduquez progressivement vos intestins par une cure de jus de légumes.

Massage aromatique, respiration consciente et relaxation sont salutaires pour détendre ; les bains chauds relaxants également (5 à 10 gouttes d'HE lavande dans votre bain).

La consultation d'un bon naturopathe ou médecin nutritionniste est nécessaire.

Conjonctivite

La conjonctivite est une manifestation d'un terrain acidifié momentanément.

Traitement d'urgence

Pour stopper et assainir des yeux atteints de conjonctivite, faites couper un citron bio en deux, allongez-vous, « accrochez-vous » et faites tomber 2 à 3 gouttes de jus de citron frais dans chaque œil. C'est douloureux durant quelques secondes et la sensation de brûlure disparaît dans les minutes qui suivent.

Attention : je parle de jus de citron frais dans l'œil et **jamais d'huile essentielle de citron dans l'œil**.

Faites des compresses d'eau florale ou d'hydrosol de bleuet ou de camomille, aussi souvent que possible et le soir au coucher.

Si la crise ne cesse pas dans les heures qui suivent, prenez une purge de magnésie San Pellegrino (voir p. 62).

Traitement complémentaire

Dans tous les cas de conjonctivite à répétition, l'alimentation de base est à revoir – le facteur déclenchant de la conjonctivite provient toujours d'une alimentation acidifiante : vin blanc, crustacés !

Supprimez tous les sucres et sucreries, alcools et excitants, charcuteries, et plats cuisinés, crustacés...

Buvez de l'eau dans la journée en quantité suffisante, soit 1 litre à 1 litre et demi par jour, ajoutez des hydrosols de votre choix en fonction de votre état général (*bi Ô purify* et *bi Ô digest*).

Revenez à une alimentation saine.

Faites des compresses d'eau florale ou d'hydrosol de bleuet ou de camomille, aussi souvent que possible et le soir au coucher.

Constipation, fermentations

La constipation est l'un des fléaux de notre civilisation. Plus de 50 % de la population en souffre et de nombreuses personnes sont constipées pendant dix jours ou plus. Saviez-vous qu'après trente jours de jeûne, on élimine encore de vieilles matières stockées depuis des années ? Cet amas de déchets non éliminés crée des fermentations, des perturbations de tous ordres, engendre de la mauvaise haleine, favorise le sang épais, les migraines, l'agressivité, la mauvaise humeur, les idées noires… Cela mérite vraiment qu'on s'en préoccupe car la santé est l'équilibre entre ce qui est absorbé et ce qui est éliminé. D'ailleurs, le langage populaire dit bien : « Il a l'air constipé ! »

Il est de la plus grande importance de veiller à une bonne élimination intestinale. L'ensemble de la naturopathie commence toujours les traitements par un nettoyage des intestins avant de pratiquer les autres techniques de soins telles que l'aromathérapie par exemple ! La constipation est un des rares symptômes pour lequel il n'existe pas à ce jour d'huile essentielle spécifique : un ensemble de soins naturels permet le retour à une bonne élimination intestinale.

Traitement de fond

Mieux vaut un intestin nettoyé un peu drastiquement que pas du tout : tisanes laxatives, plantes, psyllium, graines de lin, figues, pruneaux… Doux ou virulents, tous les laxatifs sont à essayer. Choisissez celui qui convient le mieux : cela n'est qu'un palliatif, nous le savons. Un traitement de fond de rééducation du péristaltisme intestinal s'avère obligatoire.

Faites une cure d'hydrosol de genièvre à raison de 4 à 5 cuillerées à soupe dans 1 litre et demi d'eau à boire dans la journée (résultats probants sur 50 % des constipés) pendant trois semaines puis alternez avec *bi Ô digest*.

Préparez 1 litre de thé aromatique avec 20 gouttes de *bio T elimin* ou *bio T digest* (voir p. 36) : conservez dans une bouteille isotherme et dégustez dans la journée.

Après chaque repas, frictionnez-vous l'abdomen avec 20 gouttes de la composition DIGôm ou du mélange à parts égales d'HE carvi, coriandre et muscade, dans le sens des aiguilles d'une montre.

Prenez une goutte de composition DIGôm après chaque repas ou de *bio T digest*, posez sur la main et lapez, et ce pendant au moins trois semaines – la composition DIGôm « oxygène » les intestins sans être laxative.

Faites une cure de trois à six semaines avec un jus de radis noir ou d'artichaut qui drainent le foie et obligent les intestins à mieux fonctionner.

Prenez une purge de Chlorumagène (vendu en pharmacie) de temps en temps pour débloquer des intestins encombrés (voir p. 61) : diluez 1 cuillerée à soupe dans un verre d'eau puis buvez 1 ou 2 litres d'infusion, d'eau ou de bouillon de légumes dans l'heure qui suit. L'avis de votre thérapeute est conseillé dès que vous dépassez quelques jours d'utilisation.

La pratique régulière de la respiration abdominale facilite la détente et améliore le péristaltisme intestinal.

Faites des massages du ventre avec HE marjolaine et HE petit grain-mandarine ou composition NERôm ou à défaut HE lavande.

Une alimentation « vivante », la plus crue possible, avec jus de légumes frais avant les repas (1/2 litre), fibres et mucilages incorporés à la dose journalière concourent à redonner du punch aux intestins paresseux.

Les lavements (voir p. 56) sont utiles en urgence pour débloquer des intestins endormis.

À noter

> **La *colonic irrigation* est très utilisée aux États-Unis, c'est l'irrigation colonique, nouvelle en France. Utilisée en Suisse depuis une dizaine d'années, elle remplace avantageusement les lavements : elle se pratique en institut spécialisé avec massage relaxant et détente. Il existe des douches anales que l'on fixe sur le pommeau de douche : très pratique.**
>
> **En résumé, la rééducation des intestins se fait à plusieurs niveaux avec une transformation de l'alimentation, la pratique de la respiration consciente et abdominale et des exercices physiques associés à de la détente, des plantes, des huiles essentielles et des hydrosols pour revitaliser et régénérer.**

Courbatures

Des efforts prolongés dans une position inhabituelle, jardinage au printemps, ramassage des feuilles mortes, ski sans préparation…, et ce sont les courbatures, premier signe d'un manque d'entraînement physique et de fatigue.

Traitement d'urgence

Appliquez la composition VIT ou RHUôm – 20 gouttes à mélanger dans une huile de massage (huile de sésame ou d'olive) – massez plusieurs fois par jour les parties endolories. L'une des deux sera plus rapidement efficace en fonction de votre état général. À défaut, utilisez le mélange des HE romarin, marjolaine ou lemongrass, sauge sclarée et lavande ou lavandin à parts égales, ou l'une d'entre elles si vous n'en avez qu'une !

Reposez-vous au chaud (sauna, hammam) ou prenez un bain chaud relaxant avec 10 gouttes d'HE lavande ou de genièvre (le bain au genièvre délasse remarquablement).

Dinez léger de fruits, de jus de légumes ou potage de légumes et vivez une grande nuit de repos réparateur.

À noter

> **Les courbatures peuvent être annonciatrices d'une grippe : dans ce cas, recourez au même traitement et ajoutez les recettes de la p. 183.**

Crampes

Un manque de minéraux, une acidification du terrain – la plupart des sujets « à crampes » ne boivent pas d'eau – des efforts prolongés dans la même position, une tension interne permanente, des excitants... Les crampes peuvent devenir fréquentes chez ces sujets stressés et acidifiés !

Traitement d'urgence

Posez fortement le pied par terre pour libérer la crampe.

Appliquez et massez-vous le pied ou la jambe avec des huiles essentielles décontractantes telles que HE lavande, marjolaine, camomille, compositions NERôm ou HARôm.

Massez-vous le plexus solaire, la nuque et respirez profondément.

Traitement complémentaire

Faites une cure d'oligo-éléments et de sels minéraux, principalement magnésium et fer : prenez-les sous une forme naturelle, directement assimilable par l'organisme ou en homéopathie, et aussi du chlorure de magnésium ou sel de Nigari. Diluez 20 grammes par litre d'eau, buvez 2 cuillerées à soupe deux fois par jour pendant trois semaines par mois pour les « sujets à crampes ».

Faites une cure de jus de légumes frais, particulièrement reminéralisants.

Buvez 1 litre et demi d'eau par jour avec 5 cuillerées à soupe d'hydrosol d'estragon, de mélisse, de camomille, de néroli ou de lavande.

Bannissez tout aliment excitant (thé, café, alcool, viandes rouges, chocolat).

Matin et soir, faites une friction sur le plexus solaire, la nuque, la base de la colonne vertébrale et la plante des pieds avec 20 gouttes de composition RHUôm le matin et composition NERôm ou HARôm le soir. À défaut, avec un mélange à parts égales, utilisez les HE genièvre, gaulthérie, romarin et lavande le matin, et les HE lavande et marjolaine ou lavande et camomille le soir.

En cas de problèmes circulatoires, ajoutez les compositions CELôm et FFFôm matin et soir en massage léger de la plante du pied à la hanche, pendant au moins trois semaines. À défaut, utilisez le mélange HE lavande fine, sauge sclarée et cyprès vert à parts égales.

Crise de nerfs, hystérie

La crise de nerfs est un état d'agitation extrême et inquiétant pour l'entourage. Les huiles essentielles peuvent aider à soulager la personne hystérique.

Traitement d'urgence

Frictionnez la poitrine, le dos, la plante des pieds avec 20 à 30 gouttes d'HE lavande, camomille ou marjolaine.

Buvez de l'eau ou des infusions calmantes : lavande, orange, camomille, tilleul… ou encore 1 goutte d'HE camomille (à poser sur la langue).

Préparez une purée d'ortie crue : passez au mixer, salez et avalez (il est toujours possible de trouver des orties dans un jardin proche !)

Massez doucement la plante des pieds avec de l'HE lavande.

Prenez un lavement et/ou une purge de Chlorumagène ou Limonette purgative (voir p. 62) : nettoyer les intestins est indispensable ! Le ventre est notre premier cerveau.

Traitement complémentaire

Faites trois à quatre fois par jour une friction sur le plexus solaire, la nuque, la base de la colonne vertébrale et la plante des pieds avec 20 gouttes de composition HARôm, NERôm ou STRôm en alternance.

Branchez un diffuseur d'arômes avec la composition suivante : 10 ml d'HE orange, 10 ml d'HE lavande ou lavandin et 1 ml d'HE néroli.

Supprimez sucres, sucreries et féculents ainsi que les excitants type café, thé, alcool…

Privilégiez une alimentation la plus « crue » possible : fruits frais en dehors des repas, jus de légumes avant les repas, graines germées et 1 cuillerée à café d'huile de germes de blé à prendre par jour pendant au moins six semaines.

Prenez des bains de détente chauds, courts (cinq à dix minutes) avec 10 gouttes d'HE lavande ou 5 gouttes d'HE marjolaine ou 2 gouttes d'HE néroli diluées dans de la poudre de lait, d'argile ou d'algues ou encore dans une cuillerée à café d'huile de germes de blé ; le bain sera suivi d'un temps de repos de vingt à trente minutes.

Pratiquez respiration consciente, relaxation, yoga ou toute autre méthode de détente, une fois par jour.

Une cure de trois semaines de bain de siège à frictions (voir p. 55) est toujours salutaire.

À noter

> **La consultation chez le médecin est obligatoire pour un traitement de fond : homéopathie, naturopathie, sophrologie, psychologie, yoga, relaxation sont conseillés.**

Cystite, vulvite, vaginite

Les inflammations liées à la sphère génitale s'améliorent immédiatement avec la transformation de l'alimentation et, en cas d'urgence, avec une mise à la diète et des huiles essentielles spécifiques permettant de calmer et d'aseptiser en même temps.

Traitement d'urgence

Appliquez trois à cinq fois par jour quelques gouttes d'HE lavande ou lavandin directement sur l'inflammation et après chaque miction.

Prenez 1 cuillerée à café d'hydrosol de fenouil ou sureau dans un verre d'eau toutes les deux heures pendant un ou deux jours.

Faites une diète hydrique en buvant des infusions diurétiques et dépuratives (queue de cerise, sureau, sauge…) ou 5 cuillerées à soupe d'hydrosol de genièvre ou sauge ou sureau dans 2 litres d'eau pour la journée.

Faites un bain de siège à friction (voir p. 55) toutes les deux heures en cas de crise : il décongestionne très rapidement.

Faites un lavement vaginal avec 10 gouttes d'HE lavande et HE géranium rosat, ou 10 gouttes de l'une ou de l'autre, à faire au moins deux fois par jour.

Traitement complémentaire

Excitants, sucres, sucreries, excès de fromages et de viandes doivent être exclus de l'alimentation.

Privilégiez une alimentation vivante de fruits, légumes et verdures pendant quelques jours.

Faites une cure de dépuratifs sanguins, d'infusions de sauge, d'hydrosols de sauge (sauf pour la femme enceinte), d'armoise ou de cyprès en alternance avec *bi Ô circul.*

Pour conforter l'état général, la composition HARôm se prend matin et soir en friction avec 20 gouttes sur le plexus solaire, la nuque, la base de la colonne vertébrale et la plante des pieds, pendant trois semaines.

Dents : dentition douloureuse, caries, abcès

Dentition douloureuse

Utilisez des dentifrices à l'argile, faites des bains de bouche à l'hydrosol de sauge ou de laurier ou à l'eau argileuse : pour cela, diluez une cuillerée à café de poudre d'argile dans un verre d'eau (évitez le contact argile/plastique ou métal).

Massez les gencives avec le doigt et quelques gouttes d'huile de millepertuis et d'HE de lavande, marjolaine ou laurier.

Névralgies dentaires

Appliquez de l'HE camomille et massez doucement les parties affectées ou la composition HARôm.

Caries

Avant le rendez-vous obligatoire chez le dentiste, pratiquez les bains de bouche à l'eau argileuse ou à l'hydrosol de sauge ou laurier et utilisez des dentifrices à l'argile.

Appliquez 1 goutte d'HE girofle sur la carie ou, à défaut, mettez un clou de girofle dans la dent malade ou du poivre de Sichuan.

Pour prévenir les caries, ayez une hygiène dentaire rigoureuse et supprimez impérativement les sucres et sucreries.

Abcès dentaires

Appliquez un cataplasme d'argile sur la joue (à l'extérieur) pour faire mûrir l'abcès (en général en deux ou trois jours avec deux à trois cataplasmes par jour). Ça marche et l'argile soulage le mal instantanément ! (voir p. 51). Et à l'intérieur de la bouche, mettre une noix d'argile.

On peut aussi faire des bains de bouche à l'eau argileuse : mélanger une cuillerée à café dans un verre d'eau et se gargariser. Le bain de bouche peut se faire également avec de la propolis liquide.

Faites une à deux journées de diète hydrique ou privilégiez une alimentation composée de jus de fruits ou de jus de légumes frais : toute l'énergie non utilisée pour digérer des mets lourds sera utilisée pour « réparer ».

Veillez à une bonne élimination intestinale ou prenez une tisane laxative si nécessaire.

À noter

> **L'HE girofle s'applique à raison de 1 goutte sur un coton-tige autour de l'abcès ou dans la dent cariée.**

Déchaussement

Gargarisez-vous avec de l'hydrosol de sauge officinale ou de laurier trois à quatre fois par jour et massez gentiment avec le doigt vos gencives affectées.

Dermatoses : eczéma, psoriasis, dépigmentation, taches brunes, démangeaisons

Il est évident qu'un traitement spécifique de terrain doit être entrepris avec votre médecin holistique. Ce traitement commence par une réforme de l'alimentation et un nettoyage de l'organisme.

Eczémas

Pour calmer irritations et démangeaisons : appliquez en alternance, puis au choix les compositions suivantes, en fonction de la réaction observée :

- HE lavande ou soyance, composition aromatique apaisante ;
- Huile de millepertuis et quelques gouttes d'HE lavande fine ;
- Huile de germes de blé avec quelques gouttes d'HE lavande.

Pour améliorer l'état général et reconstituer des autodéfenses, branchez des diffuseurs d'arômes en permanence dans les pièces à vivre et les chambres avec des compositions respiratoires (HE pin, sapin, eucalyptus, cajeput, niaouli) et calmantes (HE lavande, camomille, orange).

Faites des frictions matin et soir avec les compositions aromatiques suivantes (20 gouttes à diluer obligatoirement dans de l'huile de germes de blé ou de millepertuis et à appliquer sur le plexus solaire, la nuque, la base de la colonne vertébrale et la plante des pieds) :

- le matin, composition RESôm ;
- le soir et deux fois dans la soirée, composition NERôm ou HARôm ou STRôm.

Faites une cure de chlorure de magnésium une semaine par mois, avec 20 grammes par litre d'eau ; prenez l'équivalent d'un petit verre à liqueur matin et soir.

Faites une monodiète de compote de pommes pendant un à trois jours ou prenez une purge d'huile de ricin en période de crise.

Traitement de fond

Continuez les frictions ci-dessus nommées.

Prenez 1 goutte d'HE genièvre ou santal trois fois par jour. Posez sur la main et lapez.

Buvez 1 litre et demi d'eau par jour avec 5 cuillerées à soupe d'eau aromatique de genièvre, sureau ou d'eucalyptus ou encore de *bi Ô respir*.

Pour soulager le mal sur les parties à traiter : appliquez la composition *soyance* plusieurs fois par jour ou encore le mélange d'HE lavande et d'huile de millepertuis à parts égales ou encore de l'huile de ricin en compresses chaudes.

Supprimez de votre alimentation tous les sucres, sucreries et tous les produits laitiers.

Ajoutez un grand verre de jus de légumes avant chaque repas et des fruits frais en dehors des repas.

Prenez le temps de respirer consciemment et de vous détendre ; la détente est nécessaire, les crises d'eczéma se déclenchent généralement en cas de stress.

Veillez à vous dégager du temps pour souffler, vous aérer, faire le vide en vous et retrouver sérénité et bien-être.

Psoriasis

Faites une friction avec la composition HARôm matin et soir sur le plexus solaire, la nuque, la base de la colonne vertébrale et la plante des pieds.

Prenez une goutte d'HE genièvre ou gaulthérie ou santal trois fois par jour.

Buvez 1 litre et demi d'eau par jour avec 2 cuillerées à soupe d'hydrosol de genièvre, sureau ou sauge ou de *bi Ô soupl* ou *bi Ô détox*.

Appliquez le sérum *soyance* plusieurs fois par jour, pour soulager le mal sur les parties à traiter ou encore utilisez le mélange d'HE lavande et d'huile de millepertuis à parts égales, ou encore simplement huile de millepertuis ou huile de germes de blé si les précédentes ne sont pas supportées.

Supprimez de votre alimentation tous les sucres et sucreries, et tous les produits laitiers.

Ajoutez un grand verre de jus de légumes avant chaque repas et des fruits frais en dehors des repas.

Prenez le temps de respirer consciemment et de vous détendre.

Faites une cure de chlorure de magnésium ou de sel de Nigari.

À noter

> **Il y a de nombreux magnétiseurs qui stoppent le psoriasis en une ou deux séances. En Suisse, on dit qu'ils ont « le secret ».**

Démangeaisons

Pour les soulager, appliquez en alternance l'HE lavande et *soyance* autant que nécessaire sur les parties à traiter.

Les démangeaisons proviennent souvent d'un problème circulatoire : il est toujours bon de faire une cure d'hydrosol de sauge ou d'armoise ou de *bi Ô circul* à raison de 5 cuillerées à soupe par litre d'eau à boire dans la journée.

Dépigmentation

Pas d'HE spécifique pour la dépigmentation ; on a cependant vu des résultats intéressants à la suite d'un bon traitement de remise en forme, d'un changement radical de nutrition, d'un apport d'oligo-éléments et de minéraux, cure de plantes et d'huiles essentielles en complément.

Taches brunes

Il n'y a pas d'HE spécifique. On peut cependant appliquer régulièrement booster *elleonore* et *sérum five* pour régénérer la peau du visage et du corps ou encore appliquer de l'HE citron en alternance avec les sérums aromatiques.

Depuis quelques années seulement, j'ai mis au point une composition « antitaches », synergie d'HE de rose et géranium avec un principe actif extrait d'une variété de dattier du désert. Cette composition est nommée *whiteningbionatural* et donne des résultats étonnants en cure de huit semaines, selon un protocole particulier fonctionnant avec les cycles de la lune (cf. whiteningbionatural.com).

À noter

> ***Soyance* est un exceptionnel sérum régénérateur tissulaire utilisé en préparation des liftings et en postcure par certains chirurgiens plasticiens (c'est une reconnaissance supplémentaire de l'efficacité de cette composition aromatique au regard des dermatoses).**

Diabète

Un traitement de fond est nécessaire. L'ensemble des thérapies naturelles avec une modification de l'alimentation, un drainage de l'organisme et une cure de revitalisation, un équilibrage énergétique améliorent considérablement les métabolismes de rate-pancréas.

Traitement complémentaire

Faites une cure d'hydrosol de genièvre en alternance avec de l'hydrosol d'eucalyptus, à raison de 5 cuillerées à soupe de chaque dans 1 litre et demi d'eau, à boire dans la journée, en cure de six à neuf semaines ou encore *bi Ô respir* ou *bi Ô soupl.*

Faites une friction matin et soir avec 20 gouttes de composition MINôm ou APHôm en alternance, sur le plexus solaire, la nuque, la colonne vertébrale et la plante des pieds, pendant six semaines et trois ou quatre fois dans l'année.

Buvez 1 goutte de *bio T elimin* (équilibre les métabolismes foie-vésicule-rate-pancréas) diluée dans un verre d'eau, trois fois par jour pendant trois à six semaines, alternez avec le *bio T tonic.*

Respirez le plus souvent possible des huiles essentielles décontractantes, respiratoires ou toniques avec un diffuseur d'arômes.

L'utilisation d'oligo-éléments et de minéraux, de fleurs de Bach et d'homéopathie est recommandée.

Consultez un bon naturopathe pour un ajustement journalier de l'alimentation.

À noter

> **Bien sûr, l'utilisation des huiles essentielles ne remplace en aucun cas le suivi de la maladie par un diabétologue. Donc suivez ses prescriptions et n'arrêtez jamais votre traitement sur un coup de tête.**

Diarrhées, coliques

On distingue les diarrhées tropicales et les coliques passagères. Les diarrhées, comme les coliques, sont des manifestations d'élimination de l'organisme : il ne faut pas les stopper, mais il faut tenter de trouver la cause et la supprimer.

Traitement d'urgence

Mettez-vous à la diète, c'est-à-dire ne mangez plus, et buvez uniquement des eaux, infusions, hydrosols ou bouillons de légumes (sans pomme de terre), au moins 2 à 3 litres par jour.

Prenez 1 goutte d'HE cannelle de Sumatra ou de Ceylan toutes les deux heures pour le premier jour, posez sur la main et lapez ; puis trois à quatre fois par jour : ne jamais frictionner l'HE cannelle seule sur la peau, elle brûle !

Faites une friction sur le ventre avec 20 gouttes de composition HARôm ou DIGôm ou encore HE lavande et marjolaine à parts égales.

Prenez des thés aromatiques avec 2 gouttes de chacune des HE suivantes : cannelle de Sumatra ou de Ceylan, marjolaine et bergamote dans une cuillerée de miel, mélangez et ajoutez l'eau chaude.

Traitement complémentaire

Faites une friction avec 20 gouttes de composition APHôm le matin et de composition HARôm le soir sur le plexus solaire, la nuque, la base de la colonne vertébrale et la plante des pieds.

Prenez un bain chaud relaxant le soir avec 20 gouttes d'HE lavande ou 10 gouttes de composition HARôm diluée dans de la poudre de lait.

À noter

> **Même les diarrhées tropicales cessent en quelques heures avec les HE cannelle de Sumatra ou de Ceylan.**

Douleurs musculaires et articulaires

Les douleurs cachent souvent un état de carence en oligo-éléments et sels minéraux et toujours un excès d'acidification (qui engendre une déminéralisation). Les personnes sujettes aux douleurs sont souvent des adorateurs de fromage, charcuteries et aliments dénaturés et acidifiants qui oublient de boire de l'eau dans la journée.

Traitement d'urgence

Douleurs musculaires

Faites une friction avant et après l'effort physique avec la composition VIT ou encore simplement avec de l'HE lavande calmante.

Douleurs articulaires

Faites un cataplasme d'argile (voir p. 51).

Faites une friction avec la composition RHUôm deux à trois fois par jour.

Traitement complémentaire

Ajoutez des compléments alimentaires et des oligo-éléments à base de fer et de magnésium, type « multiminéraux ».

Faites une friction matin et soir avec 20 gouttes d'APHôm pour l'état général, sur le plexus solaire, la nuque, la colonne vertébrale et la plante des pieds.

Ajoutez une cure de chlorure de magnésium (ou de sel de Nigari) pendant une semaine par mois : 20 g dans 1 litre d'eau, boire 2 cuillerées à soupe deux fois par jour.

La magnésie San Pellegrino permet de se libérer quasi instantanément des douleurs (voir p. 62).

Engelures (crevasses, gerçures)

Crevasses et gerçures sont plus courantes chez les sujets acidifiés et/ou ayant des problèmes circulatoires.

Traitement d'urgence

Appliquez quelques gouttes de jus de citron frais avec 2 gouttes d'HE citron sur les parties à traiter, renouvelez toutes les deux heures ; ou appliquez simplement quelques gouttes d'huile de millepertuis.

Faites un cataplasme d'argile (voir p. 51) en alternance avec des compresses d'huile de germes de blé ou d'huile de millepertuis.

Entorse, foulure

Reposer, immobiliser et favoriser la circulation sanguine va permettre à l'organisme de « se réparer » plus vite.

Traitement d'urgence

Appliquez un cataplasme d'argile (p. 51).

Renouvelez le cataplasme toutes les quatre heures environ, dès qu'il sèche et tiraille.

Traitement complémentaire

Faites une cure d'huile de germes de blé à raison d'une cuillerée à café par jour dans l'alimentation pendant trois semaines.

Entre chaque cataplasme d'argile, massez gentiment la partie à traiter avec de l'huile de millepertuis qui favorise une meilleure circulation sanguine.

Appliquez en friction 20 gouttes de composition APHôm le matin et de composition NERôm le soir sur le plexus solaire, la nuque, la base de la colonne vertébrale et la plante des pieds.

Préparez quelques thés aromatiques dans la journée en guise de boisson chaude ; par exemple HE cannelle de Sumatra, mandarine ou bergamote et pin sylvestre ou sapin (2 gouttes de chaque) à mélanger dans une cuillerée de miel et d'eau chaude, puis ajoutez l'eau en quantité suffisante pour une grande tasse.

Boire beaucoup dans la journée est salutaire, il est conseillé d'ajouter dans l'eau journalière 5 cuillerées à soupe d'hydrosol de genièvre, de sureau ou *bi Ô soupl* (qui draine les reins) ou d'hydrosol de sauge ou d'armoise ou *bi Ô circul* (qui améliore la circulation sanguine).

À noter

Pour un bon état général, pour que l'organisme mobilise toutes ses forces pour réparer et soigner le traumatisme, il est bon de se mettre à une alimentation légère. En effet, lors des digestions, 70 % des points vitalité de la journée sont utilisés pour digérer, assimiler et éliminer. Lorsque nous mangeons « lourd » l'organisme n'a quasiment plus de repos digestif : avec trois digestions de huit heures chacune, il ne reste que 30 % de nos points vitalité pour réparer !

Il est conseillé de consommer des fruits frais le matin, crudités et graines germées ou une protéine au choix à midi, des fruits secs et frais dans l'après-midi, un dîner léger de salades, potages ou légumes et d'ajouter en apéritif un grand verre de jus de légumes particulièrement reminéralisant.

Épidémies (prévention des)

Les huiles essentielles semblent être la méthode idéale pour la prévention des épidémies. Il y a eu le « vinaigre des quatre voleurs[14] », et on a de tout temps fait brûler encens et herbes pour assainir l'atmosphère et repousser les mauvais esprits ; Hippocrate chassa la peste d'Athènes avec des parfums-médicaments et des essences de plantes.

Durant les périodes de grippes, d'angines, d'infections de tout ordre, d'épidémies et de contagions, l'idéal est de brancher en permanence un diffuseur d'arômes avec des compositions assainissantes pour le jour et pour la nuit. Rappelons que toutes les huiles essentielles, sans exception, sont aseptisantes voire bactéricides.

Buvez des thés aromatiques avec les HE cannelle, origan, mandarine, 2 gouttes de chaque dans une cuillerée de miel diluée dans de l'eau chaude trois fois par jour ou le *bio T tonic* dans les mêmes proportions.

14. Macération dans du vinaigre de plantes aromatiques et médicinales à propriétés antiseptiques, élaborée par quatre voleurs lors de la grande peste de Toulouse en 1628. Ils s'en enduisaient le corps et détroussaient ainsi les pestiférés et les moribonds sans craindre la contagion. On trouve encore ce remède dans les magasins spécialisés.

Appliquez sous la plante du pied 5 à 6 gouttes d'HE origan pendant trois jours deux fois par jour : remplace avantageusement et plus agréablement la goutte d'HE origan en traitement interne qui est quasi insupportable.

Faites une friction avec APHôm : on booste le système immunitaire.

Compositions spéciales assainissantes

Pour le jour : compositions à base d'HE eucalyptus, romarin, thym, cannelle, menthe, origan, verveine exotique, tea-tree, pin sylvestre ou l'odoration *Provence vivo*.

Pour la nuit : compositions à base d'HE lavande, marjolaine, néroli, lemongrass, ou à base d'eucalyptus, pin, thym, lavande... ou l'odoration *respir'allegretto*.

Fatigue : asthénies générales, physiques, morales, nerveuses, sexuelles, musculaires, intellectuelles

Une vie idyllique, quasiment nu, sous les cocotiers et au soleil, avec quelqu'un que l'on aime, avec pour seul plaisir-travail cueillir fruits, légumes et racines, pêcher quelques poissons ou ramasser quelques œufs et champignons. Les cabanes sont en matériaux nobles (bois, palmes…). Dans ce paradis la maladie et le mal-être sont quasi inconnus.

A contrario, nous vivons habillés, enfermés dans des maisons « cages de Faraday », avec stress, alimentation dénaturée et *process food*, travail excessif, une misère affective et des quantités d'obligations… Notre belle machine humaine s'est adaptée obligatoirement à nos stress et poisons. Le « plus » apporté par les traitements alternatifs, les compléments alimentaires et les huiles essentielles aromatiques sont maintenant devenus une nécessité… vitale. Une bonne respiration, de la détente et une alimentation la plus saine possible : ce sont nos premiers carburants.

Traitement d'urgence

Dans la journée, branchez un diffuseur avec des compositions aromatiques toniques à base d'origan, de romarin, sarriette, menthe, cannelle, géranium, thym, verveine exotique ou la composition *Provence'vivo* ou *exotissimo.*

Le matin, faites une friction avec 20 gouttes d'une des compositions APHôm ou VIT, sur le plexus solaire, la nuque, la base de la colonne vertébrale et la plante des pieds. À défaut utilisez de l'HE de romarin.

Faites une cure d'huile de germes de blé (vitamine E naturelle) à raison d'une cuillerée à café par jour pendant trois semaines, puis 1/2 cuillerée à café pendant encore trois à six semaines (existe aussi en gélules). Puis diminuez la dose.

Prenez 1 goutte de *bio T tonic* trois à cinq fois par jour pendant trois semaines, puis simplement 1 goutte le matin. Vous pouvez remplacer le *bio T tonic* par une 1 goutte d'HE romarin, cannelle de Sumatra, sarriette, origan ou menthe douce ou poivrée.

Buvez beaucoup d'eau en dehors des repas. Vous pouvez y ajouter au choix 5 cuillerées à soupe d'hydrosol de menthe, de sarriette, de romarin ou de sauge ou encore de *bi O purify.*

Buvez des thés aromatiques avec 6 gouttes en mélange, au choix : HE muscade, cannelle, mandarine ou HE coriandre, menthe, muscade ou *bio T tonic.*

Traitement complémentaire

Faites une cure de levure alimentaire (vitamines du groupe B) pendant trois à six semaines.

Une cure de ginseng-gelée royale est toujours salutaire.

Buvez un grand verre de jus de légumes frais si possible avant chaque repas (concentré d'oligo-éléments).

Ajoutez des graines germées dans l'alimentation journalière.

Un petit déjeuner de fruits frais et fruits secs et séchés remplace avantageusement le café, thé, pain-beurre-miel du matin !

Un temps de repos, respiration, détente est indispensable chaque jour pour recentrer énergie et pensées… Et du sommeil avant minuit !

Soleil, air pur, marche sont particulièrement profitables.

En cas de fatigue du système nerveux

Ajoutez une cure de friction NERôm avant le dîner et avant le coucher et savourez un thé aromatique *bio T relax*. Dans la journée prenez 1 goutte trois à cinq fois par jour du mélange d'HE basilic et marjolaine, mon remède « antidéprime ». Remarquable !

En cas de fatigue sexuelle

Faites une friction chaque matin et avant les jeux sexuels d'APHôm, quelques gouttes de sérum *soyance* ou *enzo* sur les parties génitales en massage câlin, buvez de l'eau aromatique de sarriette, mangez le maximum de « cru » ; buvez des jus de céleri ou fenouil en apéritif et prenez le temps de vous relaxer.

En cas de fatigue intellectuelle

Ajoutez une cure de phosphore, laitance de poisson ou poudre d'huîtres et le mélange d'HE girofle, laurier et muscade à parts égales ou APHôm (1 goutte trois fois par jour). C'est aussi excellent pour la mémoire !

En cas de fatigue physique et musculaire

Ajoutez la composition RHUôm ou VIT mélangée à de l'huile de millepertuis sur le corps, en massage avant et après chaque entraînement ou compétition. La composition APHôm est toujours salutaire en friction chaque matin.

En cas de stress excessif

Matin et soir, 20 gouttes de friction STRôm.

Fièvres

En médecine naturelle, les fièvres sont des manifestations du besoin d'élimination chez un sujet montrant de la vitalité : le corps dit « stop » à un excès de toxines ou de surcharge à éliminer. La fièvre diminue au fur et à mesure des éliminations.

Traitement d'urgence

Faites un bain de siège à frictions (voir p. 55) toutes les trois heures pour faire tomber la fièvre, puis diminuez la cadence pour arriver à deux bains de siège par jour pendant les trois jours qui suivent le retour à la température normale.

Buvez beaucoup d'eau avec 5 cuillerées à soupe d'hydrosol de menthe ou d'armoise, ou d'infusion dépurative.

Faites deux à trois frictions par jour sur le plexus solaire, la nuque, la base de la colonne vertébrale et la plante des pieds avec la composition FFFôm, rafraîchissante matin et midi, et avec la composition HARôm, détente, le soir (20 gouttes).

Prenez une tisane laxative ou une cuillerée à soupe de Chlorumagène pour nettoyer les intestins (voir p. 62).

Traitement complémentaire

Faites un à deux jours de diète ou de jus de fruits frais dilués à l'eau.

Buvez de l'eau aromatique ou des infusions à profusion.

Du repos et du sommeil !

Privilégiez une alimentation légère à base de fruits et de jus de légumes pendant quelques jours.

Faites une cure de composition APHôm le matin et HARôm le soir pendant trois semaines, à raison de 20 gouttes en frictions sur le plexus solaire, la nuque, la base de la colonne vertébrale et la plante des pieds.

Branchez un diffuseur d'arômes avec en alternance, le jour, des compositions toniques *fresh'misterioso* ou *Provence'vivo* ; la nuit, des compositions décontractantes avec HE lavande ou *relax'passionata*.

À noter

Les animaux malades se terrent et se mettent au repos et à la diète en buvant beaucoup d'eau, suivons leur exemple dès les premières manifestations de fièvre !

Foie (crise de foie, insuffisance hépatique, indigestion)

Pour toutes les personnes au foie paresseux, l'hygiène alimentaire est primordiale. Une cure de drainage du foie est nécessaire à chaque changement de saison et la mise à la diète hydrique en période de crise est vivement recommandée.

Traitement d'urgence

Prenez 1 goutte de composition MINôm ou d'HE romarin trois à quatre fois par jour : posez sur la main et lapez.

Faites une friction avec la composition MINôm matin et soir avec 20 gouttes sur le plexus solaire, la nuque, la base de la colonne vertébrale et la plante des pieds ou encore avec le mélange aromatique suivant : HE romarin, HE eucalyptus, HE géranium à parts égales.

Prenez un jus de citron pressé dans la journée.

Faites une cure de jus de radis noir et d'artichaut à jeun pendant trois à quatre semaines.

Buvez 1 litre et demi d'eau par jour avec 5 cuillerées à soupe d'hydrosol de romarin, géranium ou menthe pendant trois semaines ou d'ATW *bi Ô elimin.*

Mettez-vous au vert, au « cru », aux fruits.

Faites une friction avec la composition DIGôm : 20 gouttes sur le ventre dans le sens des aiguilles d'une montre, trois fois par jour, après chaque repas.

Traitement complémentaire

Buvez un verre de jus de radis noir lacto-fermenté avant chaque repas, un cocktail de légumes ou un jus vert.

Supprimez toutes graisses animales, charcuteries, alcools, cafés, excitants et sucreries.

Veillez à une bonne élimination intestinale.

Une cure de fer riche en oligo-éléments complète ce traitement.

Pratiquez détente, repos avec respiration consciente, chaque jour.

Un équilibrage énergétique avec acupuncture, auriculothérapie ou magnétisme est salutaire.

Des fleurs de Bach peuvent améliorer le terrain en modifiant les facteurs déclenchants sur le plan émotionnel…

En cas d'indigestion

Mettez-vous à la diète et reposez-vous au lit, au chaud, une bouillotte chaude sur le foie.

Buvez des jus de citron pressés, une tisane laxative avec 1 goutte d'HE carvi, menthe ou romarin ou le *bio T digest*.

Faites une friction sur l'abdomen avec 20 gouttes de composition DIGôm trois fois par jour après les repas.

Prenez un bon bain chaud avec 10 gouttes d'HE lavande.

À noter

- **Les enfants qui mangent des sucreries et friandises affaiblissent leur foie et leur système nerveux. Le sucre diminue la mémoire, excite, rend grognon, grincheux, agressif et insupportable. On propose aux enfants tous les fruits frais et secs, sans limite de quantité (des sucres naturels de fructose) en supprimant les sucres chimiques pendant dix jours ; ces enfants dits « terribles » redeviennent des « anges » : faites l'essai ! Les fruits frais, secs et séchés sont des friandises naturelles qui nourrissent. Ils remplacent avantageusement les « sucres poisons ».**
- **L'hépatite peut se soigner avec les méthodes naturelles, l'alimentation, les plantes et les huiles essentielles. C'est long, il faut de trois à six mois, ou plus, une alimentation saine et équilibrée et un traitement holistique scrupuleusement suivi : les résultats, sans séquelle pour toute la vie, sont à ce prix.**

Frigidité

La frigidité nécessite deux types de soins physiques et psychologiques. Tout d'abord, il faut « désacidifier » l'organisme et améliorer la circulation sanguine. Par ailleurs, il est nécessaire de retrouver confiance en soi et de se déstresser ! Très souvent, une séance avec un spécialiste en décodage biologique permet de trouver la cause de la frigidité, un élément qui est propre à chacun ! Et la cure « circulation du sang » portera ses fruits rapidement ! J'ai déjà ramené à la vie, c'est le cas de le dire, beaucoup de jeunes femmes… qui rencontraient des problèmes de frigidité, voire de stérilité et qui ont eu beaucoup de plaisir à enfanter joyeusement…

Traitement d'urgence

Matin et soir, faites une cure de friction HARôm avec 20 gouttes à appliquer sur le plexus solaire, la nuque, la base de la colonne vertébrale.

Faites une cure circulation du sang (voir « circulation » p. 48) pendant au moins six à neuf semaines.

Retrouvez une alimentation vivante et saine : le cru est vivant et réveille aussi les fonctions endormies !

Reprenez petit à petit les approches câlines et les jeux sexuels : réapprenez à jouer !

Mettez-vous en condition, préparez votre environnement : disposez autour de vous bougies et diffuseurs d'arômes, vaporisez dans l'atmosphère un spray d'ambiance tonique et érotisant type *adagietto* ou *staccato*…. Composez une huile aromatique « érotisante » avec des huiles essentielles de géranium, ylang-ylang et rose diluées dans une huile végétale de noisette ou macadamia ou autre bonne huile végétale… bio évidemment ! Offrez à votre partenaire un massage aromatique.

Préparez une boisson chaude avec le thé aromatique *bio T tonic* ou une décoction de gingembre frais, et essayez mes deux secrets érotisants en massages intimes (sur les parties génitales de madame et monsieur) : le sérum *soyance* adoucit et chauffe gentiment ; le sérum *enzo*, le plus apprécié, fait un chaud et froid particulièrement excitant. J'ai quelques bons amis qui sont « accros » au sérum *enzo* (il faut environ 1 litre par an !). Certains apprécient l'HE ylang-ylang en massage câlin sur les parties intimes, ça ne brûle pas.

Faites une cure de friction APHôm pendant au moins six à neuf semaines (n'appliquez surtout pas sur les muqueuses, ça brûle !). Monsieur sera ravi de ses nouvelles performances sexuelles exacerbées : APHôm est un super dynamisant sexuel, intellectuel et physique, par ailleurs excellent pour renforcer la mémoire. Il en est de même pour ces dames qui retrouvent un appétit sexuel et une sensualité harmonieuse.

Les fruits frais, les baies rouges, les shoots de jus verts sont très « tendance ». Les jus de légumes frais et bio redonnent une vitalité immédiate ! À consommer sans modération, en apéritif ou en guise de repas.

Gingivite

Ces traitements concernent les inflammations des gencives.

Traitement d'urgence

Faites une ablution buccale avec de l'hydrosol de sauge ou de laurier deux à cinq fois par jour et massez doucement les gencives avec le doigt et l'hydrosol.

Faites un bain de bouche à l'argile, deux à trois fois par jour.

Mâchez des feuilles de sauge officinale.

Pour assainir le milieu buccal, utilisez une des compositions suivantes :

- HE girofle, cannelle de Sumatra, sauge sclarée, menthe douce et lavande : ajoutez 1 goutte du mélange seulement sur la pâte de dentifrice ;
- Hydrosol de sauge ou eau argileuse : en bains de bouche, en gargarisme ou en vaporisation buccale, elles donnent une haleine fraîche et aseptisent.

Traitement complémentaire

Faites une cure de chlorure de magnésium ou sel de Nigari (20 g par litre d'eau) : buvez 2 cuillerées à soupe toutes les trois heures pendant la période de crise puis deux fois par jour pendant trois semaines.

Supprimez sucreries, pains, viandes, excitants et fromages pendant quelques jours.

Faites une cure de composition APHôm – bactéricide puissant – le matin avec 20 gouttes sur le plexus solaire, la nuque, la base de la colonne vertébrale et la plante des pieds.

Grossir

Il est plus difficile de faire « grossir des sujets maigres » que de faire « maigrir des gens gros » mais c'est possible, avec un ensemble de techniques de médecines naturelles et l'aromathérapie. Une alimentation vivante, de la respiration consciente, une cure d'élimination des toxines, des exercices physiques progressifs, de la détente, du repos, des fleurs de Bach, un bon sommeil réparateur, quelques huiles essentielles et on reprend du bon poids, du tonus et pas de volume !

Comment grossir intelligemment ?

Faites une cure de trois à six semaines de pollen et de fenugrec : prenez à jeun 1 cuillerée à café de pollen en pelotes et 1 cuillerée à café de fenugrec passées au mixer ou trempées dans l'eau depuis la veille.

Faites une cure de trois ou quatre semaines de composition APHôm le matin : appliquez 20 gouttes deux fois par jour sur le plexus solaire, la nuque, la base de la colonne vertébrale et la plante des pieds. Pour les peaux extrêmement sensibles, mélangez les 20 gouttes dans un peu d'huile de germes de blé.

Appliquer la composition NERôm ou HARôm le soir avant le coucher facilite un repos réparateur.

Posez 1 goutte d'HE de romarin ou *bio T Tonic* sur la main et lapez trois fois par jour.

Buvez au moins 1 litre et demi d'eau par jour avec 5 cuillerées à soupe d'hydrosol de menthe, origan ou sarriette ou encore de *bi Ô purify*.

Prenez le soir un bain chaud décontractant avec 5 gouttes de *soyance* ou 10 gouttes d'HE lavande ou lavande-marjolaine.

Pratiquez exercice physique, respiration consciente, massages, relaxation le plus souvent possible.

Reminéralisez-vous en buvant des jus de légumes régulièrement, au moins 1 litre par jour.

Ajoutez une cuillerée à café d'huile de germes de blé par jour (vitamine E naturelle excellente pour le système nerveux).

Mangez des aliments vivants et crus, jus de légumes frais en apéritif (minéralisant), graines germées (aliment vivant). Consommez des fruits toujours en dehors des repas.

Pensez à dormir « tôt », le sommeil avant minuit est très réparateur.

Abusez des massages, équilibrage énergétique et acupuncture !

Hématome

Il existe deux remèdes utiles, cataplasme d'argile et quelques huiles essentielles. L'homéopathie est très complémentaire en traitement d'urgence (arnica) et *rescue* en fleurs de Bach.

Traitement d'urgence

Appliquez un cataplasme d'argile deux à trois fois par jour et nuit (sauf pour l'œil au beurre noir).

Pendant les heures sans cataplasme d'argile, appliquez aussi souvent que possible, en compresses ou en application simple, de l'HE hélichryse associée à l'HE bois de rose à parts égales. Elles tendent à résorber l'hématome rapidement. Continuez les applications puis espacez au rythme suivant : cataplasme la nuit, compresse le jour ; puis simplement l'application matin et soir de la composition aromatique.

Traitement complémentaire

Tout ce qui améliore la circulation sanguine est à mettre en application si l'hématome ou les hématomes sont importants (voir « circulation » p. 48).

Hémorragies bénignes, utérines, saignements de nez

Traitement d'urgence

Pour les saignements de nez : appliquez à la base des narines quelques gouttes d'HE citron qui cautérisent les vaisseaux responsables, allongez la personne avec la tête légèrement plus basse, placez une compresse froide sur les tempes.

Pour les hémorragies utérines, il s'agit souvent d'une élimination de déchets, apparaissant fréquemment dans les cures de nettoyage. Calmez en massant doucement le bas-ventre avec de l'HE lavande ou HE marjolaine ou composition HARôm, buvez beaucoup d'eau ou infusion avec de l'eau aromatique de sauge, mettez-vous à la diète et faites des bains de siège (voir p. 55).

Pour toute autre hémorragie importante : Samu.

Repos et détente sont indispensables : le stress et les toxines concourent aux hémorragies à répétition chez les sujets prédisposés.

À noter

Les hémorragies passagères (nasales et utérines) sont en médecine naturelle des manifestations d'élimination des toxines du corps physique. Il convient d'en trouver la cause et d'y remédier. Pour toutes les hémorragies longues (plusieurs heures) ou répétées (plusieurs jours de suite), il est impératif de consulter.

Hémorroïdes

Manifestation d'un problème de circulation sanguine associée à une digestion perturbée, les hémorroïdes peuvent se cicatriser rapidement ; elles disparaissent avec un soin particulier accordé à l'hygiène alimentaire et quelques huiles essentielles aromatiques.

Traitement d'urgence

Appliquez 5 à 10 gouttes d'HE lavande deux à trois fois par jour sur la région anale et après chaque selle, afin de soulager le disconfort.

Mettez-vous « au vert » un ou deux jours avec pour toute nourriture (sans limites de quantité) des purées de fruits frais ou des jus de légumes frais.

Veiller à une bonne élimination intestinale est primordiale. Prenez en cas de besoin une infusion laxative douce, des pruneaux trempés la veille, des concentrés de figues ou du jus de pomme de reinette.

Traitement complémentaire

Faites une cure « circulation » de trois à six semaines : prenez une goutte de composition FFFôm trois fois par jour pendant une semaine, posez sur la main et lapez ; alternez la semaine suivante avec la composition CELôm.

Faites une friction matin et soir avec les deux compositions CELôm et FFFôm, 10 gouttes de chaque à appliquer sur les pieds, mollets, cuisses et fessiers.

Faites une cure d'eau aromatique de sauge ou d'armoise ou de *bi Ô circul* en alternance comme suit : 5 cuillerées à soupe dans 1 litre et demi d'eau de l'un et alternez chaque semaine avec l'autre.

Éliminez viandes rouges, alcools, thé, café, chocolat et sucres, plats cuisinés et épices, c'est évident ! Tous les produits acidifiants sont à éliminer.

Ajoutez avant chaque repas un grand verre de jus de légumes frais.

À noter

Dans la plupart des cas, les hémorroïdes disparaissent en quelques jours et le soulagement est quasi immédiat avec les huiles essentielles de lavande fine ou lavandin en application locale.

Herpès

C'est une maladie virale contagieuse qui touche principalement les lèvres ou les parties génitales. L'herpès labial est souvent appelé « bouton de fièvre ».

Traitement d'urgence

Appliquez 2 à 3 gouttes d'HE citron, renouvelez toutes les trois heures, et ajoutez de l'huile de germes de blé dès que la peau est trop irritée.

Traitement complémentaire

Faites une cure avec la composition APHôm, un bactéricide puissant : le matin en friction, 20 gouttes sur la nuque, le plexus solaire, la base de la colonne vertébrale et la plante des pieds au moins pendant trois semaines.

Prenez trois fois par jour 1 goutte d'APHôm ou du mélange d'HE origan, menthe, thym doux, sarriette et citron, posez sur la main et lapez.

Prenez une purge de magnésie San Pellegrino (p. 62).

Supprimez de votre alimentation les viandes, les laitages et les céréales et ajoutez des jus de légumes frais si possible.

Faites une cure de drainage du sang (voir « circulation » p. 48).

Hoquet

Traitement d'urgence

L'HE d'estragon stoppe instantanément le hoquet. À défaut d'huile essentielle, froissez et mâchez quelques feuilles d'estragon frais.

Le verre d'eau bu la tête en bas, avec un bras en l'air est un des remèdes de « bonne femme » qui fonctionne souvent...

Massez-vous le ventre, la poitrine, le dos et la plante des pieds avec de l'HE lavande ou HE lavande et camomille ou HE camomille romaine, ou composition HARôm.

Traitement complémentaire

Faites une friction matin et soir avec la composition aromatique HARôm ou HE lavande et camomille : 20 gouttes du mélange aromatique sur le plexus solaire, la nuque, la base de la colonne vertébrale et la plante des pieds, pendant trois semaines. Stoppez une semaine puis reprenez.

Buvez de l'eau aromatique : 5 cuillerées à soupe d'hydrosol d'estragon dans 1 litre et demi d'eau par jour ou de *bi Ô digest*.

Pratiquez la respiration consciente au moins quinze minutes par jour : toutes les techniques de massage, relaxation, yoga, méditation, sophrologie concourent à l'amélioration de l'état général et tendent à diminuer les spasmes.

À noter

À défaut d'HE estragon, l'HE camomille fonctionne très souvent positivement pour la plupart des hoquets. Elle est l'huile essentielle « type » des spasmes, sinusite et allergie.

Hypertension

Il est possible de diminuer d'une manière efficace les problèmes d'hypertension artérielle, principalement avec une alimentation adéquate, des exercices respiratoires et des huiles essentielles spécifiques. Dans ce cas, le terrain est à traiter en parallèle.

Traitement d'urgence

Mangez ail et citron en quantité. Buvez des citrons pressés sans sucre.

Faites une cure d'aubépine en jus ou en gélules.

Ajoutez dans 1 litre et demi d'eau de boisson 5 cuillerées à soupe d'hydrosol de camomille ou de mélisse.

Dans votre eau de boisson journalière, ajoutez 1 goutte d'HE citron trois ou quatre fois par jour. Cette huile peut être aussi ajoutée dans l'eau aromatisée aux hydrosols.

Prenez 1 goutte trois à quatre fois par jour d'HE marjolaine (les HE néroli et bergamote sont parfois recommandées).

Prenez si possible un bain de détente le soir avec 10 gouttes d'HE lavande.

Faites une friction matin et soir sur le plexus solaire, la nuque, la base de la colonne vertébrale et la plante des pieds avec 20 gouttes de composition HARôm, harmonisante.

Pratiquez des exercices respiratoires quinze minutes par jour minimum : respiration consciente, yoga, relaxation et massages aromatiques décontractants sont salutaires.

Traitement complémentaire

Supprimez plats cuisinés, charcuteries, sucreries, café, thé, alcool, viandes rouges et sel : tous les acidifiants !

Consommez des jus de légumes frais chaque fois que possible avant les repas, mangez les fruits toujours en dehors des repas ; ajoutez des herbes aromatiques en quantité dans tous vos plats (basilic, estragon, ciboulette, ail, oignon…) pour compenser le manque de sel.

Marche, exercices physiques doux avec respiration sont recommandés.

Trois à quatre fois par an, pendant trois semaines, faites une cure de composition CELôm et FFFôm (1 goutte par jour en alternance) avec une cure d'hydrosol de cyprès ou d'armoise ou de *bi Ô circul* (à raison de 5 cuillerées à soupe par litre et demi d'eau à boire dans la journée) pour améliorer la circulation sanguine (voir « circulation » p. 104).

Hypotension

Rappelons que la plupart des végétariens, végétaliens, crudivoristes, yogis et ascètes fonctionnent normalement avec une tension artérielle plus faible que la plupart des mangeurs de viande. En période d'hypotension passagère chez un sujet, une alimentation spécifique et quelques huiles essentielles permettent de « remonter la pente ».

Traitement d'urgence

L'HE romarin est considérée comme draineur du foie et régulateur de la tension ; prenez 1 goutte trois ou quatre fois par jour pendant deux à trois semaines.

Pour améliorer le bon fonctionnement de l'ensemble des métabolismes, faites une friction matin et soir avec 20 gouttes des compositions aromatiques suivantes, à appliquer sur le plexus solaire, la nuque, la base de la colonne vertébrale et la plante des pieds : le matin composition APHôm ou VIT, le soir composition HARôm ou STRôm.

Ajoutez une cuillerée à café d'huile de germes de blé dans les aliments, chaque jour (la vitamine E naturelle est directement assimilable par l'organisme).

Privilégiez une alimentation la plus crue possible, vivante, car elle concourt à une régulation de la tension également.

Traitement complémentaire

Faites une cure d'hydrosol de romarin, sarriette, d'origan ou hysope à raison de 5 cuillerées à soupe dans 1 litre et demi d'eau, à boire dans la journée.

Pratiquez des exercices respiratoires conscients, détente et repos.

Privilégiez une alimentation dynamisante et sans toxines à base de fruits frais et d'amandes ou de purée d'amandes, de jus de légumes frais avant les repas. Pensez aux graines germées au cours des repas.

Impuissance

L'impuissance est un sujet bien souvent tabou qui, en plus des symptômes physiques, peut engendrer un isolement et parfois un sentiment de honte à consulter un spécialiste. Les huiles essentielles sont, dans ce cas, d'un grand secours et aident à retrouver vigueur physique et à renouer avec une sexualité épanouie.

Traitement d'urgence

Pour augmenter les ardeurs physiques, faites une cure de trois à six semaines des traitements suivants :

Appliquez la composition APHôm matin et soir en friction sur la nuque, le plexus solaire, la base de la colonne vertébrale et la plante des pieds. Attention, n'appliquez jamais la composition APHôm sur les muqueuses !

Posez sur la main et lapez 1 goutte d'HE sarriette ou composition APHôm cinq à six fois par jour.

En massage préliminaire, utilisez *soyance* pour un effet chaleur, *enzo* pour un effet chaud-froid (plébiscité !) ou encore HE ylang-ylang, géranium, jasmin, benjoin ou santal diluées dans un peu d'huile végétale : une huile envoûtante !

Faites une cure d'eau aromatique de sarriette à raison de 5 cuillerées à soupe par litre et demi d'eau, à boire chaque jour.

Prenez 1 goutte d'HE menthe douce ou poivrée cinq à six fois par jour, qui dynamise et parfume l'haleine. Vaporisez la composition *staccato* dans l'atmosphère.

Supprimez alcools, plats cuisinés et toutes les sucreries. Privilégiez les aliments crus, les smoothies, les jus de légumes et *shoots* de jus vert, les algues, les fruits de mer… Le gingembre, le cèleri, le fenouil sont à introduire en grande quantité dans vos jus frais.

Préparez un cocktail aphrodisiaque avec HE sarriette, cannelle, girofle, romarin et géranium : mélangez 1 goutte de chaque dans une cuillerée de miel avec de l'eau chaude. Buvez quatre à cinq fois par jour sans inconvénient ou 5 gouttes de *bio T tonic.*

Traitement complémentaire

Il est nécessaire d'améliorer la circulation sanguine et de diminuer le stress.

Utilisez les compositions CELôm et FFFôm matin et soir avec 10 gouttes de chaque à appliquer en friction du pied à la hanche.

Buvez 1 goutte de composition CELôm trois fois par jour pendant cinq à six semaines en alternance chaque semaine avec FFFôm.

Dans 1 litre et demi d'eau, ajoutez 5 cuillerées à soupe d'hydrosol d'armoise, de sauge, cyprès ou genièvre, en alternance avec l'hydrosol de sarriette à boire dans la journée. Vous pouvez ajouter 2 à 3 gouttes d'HE citron (pour fluidifier le sang) et donner un goût sympa à votre eau maintenant dynamisée.

Veillez à une bonne élimination intestinale et pratiquez trois minutes de respiration profonde matin et soir, qui favorise détente et élimination.

Pour améliorer encore cette cure, vous pouvez faire un jour de monodiète avec des jus de légumes crus ! Le tonus et l'appétence sexuelle reviennent automatiquement, la « mécanique » se remet en route dès que la vitalité revient : la circulation sanguine devient plus fluide et le tonus général augmente grâce, entre autres, aux vitamines et aux oligo-éléments trouvés dans les jus de légumes frais, les fruits et les graines germées et aux principes actifs « détonants » de certaines huiles essentielles. Le « cru » augmente sérieusement les érections matinales (rapport de tous nos clients).

Insolation : coups de soleil, brûlures de soleil

Traitement d'urgence

Mettez-vous au repos, une serviette mouillée sur la tête et un verre retourné sur la serviette, un bon remède de grand-mère !

Buvez de l'eau en quantité avec 5 cuillerées à soupe d'hydrosol de menthe pour 1 litre et demi d'eau.

Appliquez immédiatement de l'HE lavande ou lavandin sur les coups de soleil, ou faites une compresse d'HE lavande et d'huile de millepertuis à parts égales (ou HE lavande et géranium) ou encore appliquez abondamment l'hydrosol de menthe en compresse fraîche.

Restez à la diète en buvant des liquides, eau, hydrosol, infusion froide, jus de fruits…

Faites un bain de siège à frictions (voir p. 55) trois ou quatre fois dans la journée pour recouvrer la température normale.

À noter

L'huile de millepertuis est connue pour être photosensibilisante ; cependant un dosage particulier d'huile de millepertuis dans une huile corporelle permet un bronzage quasi instantané : on mélange 30 ml d'huile de millepertuis avec 70 ml d'huile d'olive, on se trempe dans la mer ; sur la peau mouillée, on applique le mélange sur la face avant puis retour au bain de mer, nouvelle application sur l'autre face. En une heure et demie de soleil et de cette merveilleuse huile à bronzer vous êtes tout doré, ce qui permet d'éviter les expositions longues au soleil !

Insomnie (adultes)

Les insomnies peuvent avoir trois causes principales : un état général de fatigue avec une alimentation non adéquate, un problème psychologique ou une déviation des vertèbres cervicales. Dans 90 % des cas, le drainage de l'organisme, le repos, quelques compléments alimentaires et les huiles essentielles permettent d'obtenir une amélioration notable.

Traitement d'urgence

Faites une friction à 17 heures et au coucher avec 20 gouttes de composition NERôm ou de la composition HE lavande 10 ml et HE néroli 2 ml.

Avant le dîner et avant le coucher, préparez une boisson chaude : eau, miel ou fructose, avec 3 gouttes d'HE orange, 2 gouttes d'HE marjolaine et 1 goutte d'HE néroli. Ce breuvage vous fait dormir profondément en quelques jours.

Buvez 1 litre de thé aromatique dans la journée avec *bio T relax* ou la composition suivante : HE mandarine, marjolaine, sapin, à raison de 2 gouttes de chaque dans une cuillerée de miel, mélangez et ajoutez de l'eau chaude.

Faites une friction le matin avec la composition NERôm pendant trois semaines puis avec la composition APHôm pendant trois autres semaines : appliquez 20 gouttes sur le plexus solaire, la nuque, la base de la colonne vertébrale et la plante des pieds et le soir, appliquez la friction NERôm.

Pendant trois semaines buvez au moins 1 litre et demi d'eau avec 5 cuillerées à soupe d'hydrosol de camomille, mélisse, lavande ou néroli au choix, dans l'après-midi et les hydrosols origan ou sarriette ou *bi* Ô *purify* le matin.

Prenez un bain chaud le soir avec 10 gouttes d'HE lavande ou 5 gouttes d'HE lavande, 3 d'HE marjolaine et 1 d'HE néroli diluées dans 1 cuillerée à café d'huile de germes de blé ou de poudre de lait. À défaut de bain, prenez une longue douche chaude avant le coucher suivie d'une application de la composition NERôm ou de la composition précitée.

Faites quelques minutes de respiration consciente chaque soir.

Branchez un diffuseur d'arômes dans la chambre une heure avant le coucher ou, mieux encore, toute la nuit avec les compositions lavande ou orange, petit grain et néroli ou *relax'passionata*.

Couchez-vous avant minuit, les heures de sommeil avant minuit comptent double pour la récupération d'énergie ! En cas de réveil dans la nuit, appliquez de nouveau votre composition du soir sur la nuque ou le plexus solaire et rendormez-vous.

Traitement complémentaire

Faites une cure de trois à six semaines d'huile de germes de blé à raison de 1 cuillerée à café par jour, puis divisez par deux les doses pour un entretien régulier.

Évitez les repas lourds le soir, l'idéal étant un repas de fruits uniquement, ou jus de légumes et salade verte ou encore potage de légumes.

Trois ou quatre fois par an, faites un drainage du foie avec jus d'artichaut ou de radis noir, alternez pour un drainage du sang les compositions CELôm et FFFôm, hydrosol de sauge, armoise ou *bi Ô circul* pendant trois semaines (voir « circulation » p. 104).

Supprimez graisses animales, plats cuisinés et tous les sucres, sucreries, bonbons, gâteaux, chocolat, confiseries, café, thé et alcool…

Buvez un grand verre de jus de légumes avant les repas, concentré de vitamines et d'oligo-éléments directement assimilables par l'organisme. Il redonne le sourire !

En cas d'angoisse et d'anxiété[15]

Prenez des HE basilic et marjolaine : 1 goutte de chaque trois à cinq fois par jour, c'est mon remède antidéprime, ou encore le *bio T relax*.

Intoxication alimentaire ou médicamenteuse

En cas d'intoxications avec des produits chimiques, appelez le médecin, le Samu ou l'hôpital immédiatement. Buvez beaucoup et faites-vous vomir, dans la plupart des cas, mais pas toujours. Enfin, cherchez le produit intoxicant (alcalin ou acide).

Traitement d'urgence

Buvez quelques verres d'infusion de thym, romarin ou infusion vomitive ou encore d'hydrosol de sauge à raison de 5 cuillerées à soupe dans 1 litre et demi d'eau.

Prenez une purge avec 1 cuillerée à soupe de magnésie San Pellegrino ou de Chlorumagène (voir p. 62).

Prenez 1 goutte d'HE menthe toutes les trois heures.

Faites un cataplasme d'argile sur le foie.

Faites un lavement (voir p. 56).

Mettez-vous à la diète hydrique, buvez de l'eau, des infusions de thym, romarin, menthe ou hydrosols de sauge, menthe, camomille, jus de citron sans sucre… Ne mangez plus pendant un ou deux jours !

Prenez un bain chaud relaxant avec 10 gouttes d'HE lavande, une à deux fois par jour.

15. Voir « angoisse, anxiété » p. 90.

Leucorrhées

Appelées aussi « pertes blanches », elles sont courantes chez les femmes du XXIe siècle.

Traitement d'urgence

Prenez trois fois par jour 1 goutte d'HE lavande et niaouli ou 1 goutte d'HE origan ou encore 1 goutte d'HE cannelle de Sumatra.

Faites une friction chaque matin avec 20 gouttes de composition APHôm sur le plexus solaire, la nuque, la base de la colonne vertébrale et la plante des pieds, composition particulièrement bactéricide.

Faites deux à trois fois par jour un lavement vaginal avec 5 gouttes d'HE lavande fine ou lavandin et 5 gouttes d'HE géranium rosat ou Bourbon ou 10 gouttes de l'une ou l'autre de ces huiles essentielles (voir « les lavements » p. 56).

Trois fois par jour, préparez un thé aromatique avec 2 gouttes de chacune des HE suivantes : cannelle de Sumatra, thym ou origan, pin sylvestre et eucalyptus, à mélanger dans une cuillerée de miel avec un peu d'eau chaude… ajoutez l'eau en quantité suffisante pour une grande tasse.

Traitement complémentaire

Pour des pertes blanches à répétition, il est nécessaire de prendre en main son hygiène de vie.

Bannissez tous les sucres et féculents.

Ajoutez des fruits frais en dehors des repas et un grand verre de jus de légumes en apéritif.

Faites une cure de chlorure de magnésium (ou sel de Nigari) à raison de 20 g par litre d'eau et boire trois fois par jour 2 cuillerées à soupe de la préparation ; alternez avec une cure de dix jours de décoction de clous de girofle (voir p. 62), un remède ayurvédique antiseptique et nettoyant.

Buvez 1 litre et demi d'eau par jour avec 5 cuillerées à soupe de *bi Ô purify*.

Lumbago et sciatique

Oui, ce sont bien les maladies du siècle ! Un terrain très acidifié par un excès de protéines animales et de fromages en tout genre, une faiblesse de structure, de mauvaises positions, un manque d'exercice physique : en voici quelques causes…

Traitement d'urgence

Appliquez, frictionnez ou massez avec de l'HE genièvre et lavande, ou bien avec la composition RHUôm, ou encore le mélange aromatique suivant : HE gaulthérie, HE genièvre, HE pin sylvestre et HE térébenthine, à parts égales ou encore *bio' soupl.*

Posez sur la main et lapez une goutte de composition RHUôm ou d'HE genièvre quatre à cinq fois par jour.

Buvez impérativement 2 litres d'eau par jour avec, si possible, 5 cuillerées à soupe d'hydrosol de genièvre ou sureau, ou bien une décoction diurétique type aubier de tilleul ou harpagophytum, ou encore ATW *bi Ô soupl.*

Faites un à deux jours de monodiète aux jus de fruits frais ou jus de légumes.

Traitement complémentaire

Supprimez tous les produits laitiers (beurre, fromages, yaourts, fromages blancs, crèmes et lait bien sûr).

Ajoutez chaque jour en apéritif un grand verre de jus de légumes, principalement céleri et fenouil, au moins 1/2 litre avant chaque repas.

Buvez au minimum 2 à 3 litres d'eau par jour avec des hydrosols de genièvre, sureau, menthe, sarriette ou d'origan au choix ou *bi Ô soupl*.

Continuez deux fois par jour l'application des compositions nommées plus haut.

Prenez un bain chaud relaxant avec 10 gouttes d'HE lavande ou 10 gouttes d'HE térébenthine (qui chauffe et fait transpirer) ou encore 10 gouttes d'HE genièvre diluées dans une base neutre.

Sauna, hammam et massages aromatiques sont vivement recommandés.

Maladies tropicales (choléra, dysenterie, amibes, paludisme)

Une bonne prévention peut limiter la plupart de ces problèmes « tropicaux ». N'oubliez donc pas d'emporter avec vous une trousse de secours spéciale (voir p. 75).

Préparation au voyage

Sept à dix jours avant de partir : prenez 1 goutte d'APHôm trois fois par jour (posez sur la main et lapez), et avec 20 gouttes de composition APHôm, faites le matin une friction sur le plexus solaire, la nuque, la base de la colonne vertébrale et la plante des pieds. Des vaccins homéopathiques existent. Consultez votre homéopathe et prenez-les !

Prévention pendant le voyage

Le matin : faites une friction avec la composition APHôm comme indiqué plus haut.

Dans chaque verre que vous buvez, ajoutez 1 goutte d'HE menthe, romarin ou citron.

Après les trois repas, appliquez 20 gouttes de composition DIGôm en friction sur le ventre, dans le sens des aiguilles d'une montre.

Posez 1 goutte sur la main et lapez, trois fois par jour, la composition DIGôm ou HE carvi.

Buvez des thés aromatiques chaque jour avec, au choix, 6 gouttes des huiles essentielles suivantes, à mélanger dans une cuillerée de miel et de l'eau chaude : cannelle, citron, menthe, pin, bergamote.

Traitement d'urgence

Diarrhées et dysenteries, même amibiennes

Prenez 1 goutte d'HE cannelle de Sumatra toutes les deux heures, posez sur la main et lapez.

Appliquez la composition DIGôm ou à défaut l'HE carvi, lavande ou marjolaine en friction sur l'abdomen, trois fois par jour. Les diarrhées cessent en général dans la journée.

Restez à la diète en buvant beaucoup d'eau ou d'infusion ou encore du citron pressé, frais et sans sucre, dans la journée.

Choléra

Prenez toutes les trois heures 1 goutte d'HE origan, thym, cannelle, menthe ou citron sur une cuillerée de miel, ou posez sur la main et lapez.

Faites une friction avec la composition APHôm le matin et l'HE lavande ou la composition NERôm le soir : 20 gouttes sur le plexus solaire, la nuque, la base de la colonne vertébrale et la plante des pieds.

Faites une cure d'eau argileuse en mélangeant une cuillerée à café d'argile dans un verre d'eau : laissez reposer la nuit et boire le matin uniquement l'eau.

Paludisme

Prenez le traitement médical allopathique ou homéopathique si vous n'avez aucune huile essentielle disponible et que vous n'avez fait aucune préparation ! Il existe des vaccins homéopathiques pour protéger du paludisme.

Prenez 1 goutte au choix d'HE origan, thym, sarriette, menthe ou citron, quatre à cinq fois par jour, posez sur la main et lapez (renforce le système immunitaire)

Appliquez la composition APHôm le matin et la composition STRôm le soir (20 gouttes en friction sur le plexus solaire, la nuque, la base de la colonne vertébrale et la plante des pieds).

Une bonne prévention bien conduite et une préparation aromatique au voyage avec les huiles essentielles permettent d'éviter la plupart des crises de paludisme.

Piqûres, morsures

Appliquez immédiatement un cataplasme d'argile et renouvelez toutes les deux ou trois heures : il tire le venin vers l'extérieur quasi instantanément.

Entre deux cataplasmes, appliquez HE lavande ou HE géranium.

Mauvaise haleine

La mauvaise haleine peut entraver nos relations aussi bien professionnelles que personnelles. Les huiles essentielles ont fait leurs preuves et aident à retrouver rapidement une haleine fraîche.

Prenez 1 goutte d'HE menthe douce ou poivrée, tonique et digestive, plusieurs fois dans la journée, ou encore 1 à 2 gouttes de *bio T digest*.

Complétez avec un nettoyage des intestins (voir « constipation » p. 111 et « aérophagie » p. 83).

Ajoutez une cure de friction digestive après les repas : DIGôm pendant au moins six à huit semaines.

Buvez 1 litre et demi d'eau par jour avec 5 cuillerées à soupe d'eau aromatique de romarin, de menthe ou de sauge en alternance ou encore avec la composition *bi Ô digest*.

Maux de tête : migraines, vertiges

Les migraines à répétition peuvent avoir trois origines : blocage des cervicales, problèmes circulatoires ou problèmes digestifs ; dans ce dernier cas, les migraines apparaissent juste après les repas. Plus de 80 % des migraines sont d'origine circulatoire.

Traitement d'urgence

Faites une friction sur les tempes en direction des oreilles, sur le front et la nuque en remontant vers le sommet du crâne, avec

20 gouttes de composition MIGôm ou d'un mélange d'HE lavande et HE menthe douce à parts égales, le soulagement est immédiat ! Renouvelez l'opération plusieurs fois dans la journée.

Prenez 1 goutte de composition MIGôm à laper sur la main trois à cinq fois par jour ou encore le mélange d'HE lavande, sauge, menthe douce à parts égales.

Buvez 1 litre et demi d'eau par jour avec 5 cuillerées à soupe d'hydrosol de sauge ou d'armoise ou encore de *bi Ô circul* en alternance, et continuez pendant deux à six mois selon l'ancienneté du mal.

Traitement complémentaire

En cas de migraines digestives

Faites une cure d'artichaut et de radis noir pendant trois semaines en jus, ampoules ou gélules.

Faites une cure d'hydrosol de romarin, sauge ou d'origan à raison de 5 cuillerées à soupe par litre et demi d'eau, à boire dans la journée.

Veillez à une bonne élimination intestinale. Prendre des plantes ou des infusions laxatives ou encore 1 cuillerée à soupe de Chlorumagène (voir p. 62) une fois par semaine si besoin.

Maintenez une alimentation saine à base de fruits en dehors des repas, de jus de légumes en apéritif, de crudités et de graines germées. Cessez impérativement tous les produits acidifiants (tous les sucres, toutes les viandes, tous les fromages, tous les excitants).

En cas de migraines circulatoires

Appliquez le même traitement d'urgence en ajoutant la cure « circulation sanguine » (voir p. 104) pendant quelques semaines. Il est remarquable de voir combien une transformation légère de l'alimentation, quelques huiles essentielles et hydrosols pris régulièrement ont permis à des migraineux souffrant depuis plusieurs années de voir cesser leur gêne de 80 à 90 % en quelques semaines !

À noter

Si les migraines n'apparaissent pas juste après les repas, vérifiez et faites remettre en place les cervicales. Consultez un chiropracteur, ostéopathe, magnétiseur, vertébrothérapeute, énergéticien ou acupuncteur. Si aucune perturbation cervicale n'existe, il s'agit de « migraine circulatoire », ce qui semble être la migraine la plus courante.

Ménopause (préménopause, troubles du cycle menstruel)

Une hygiène de vie non adéquate, le stress, l'ensemble des produits chimiques dans l'alimentation, l'excès de médications en tout genre créent des perturbations du cycle menstruel, dérèglent les femmes qui devraient fonctionner comme des horloges en accord avec les cycles lunaires. Une femme bien réglée a le premier jour de ses règles le jour de la pleine lune.

Traitement de base

Faites une cure d'hydrosol de sauge, d'armoise ou encore de *bi Ô circul* ou *bi Ô méno* en alternance à raison de 5 cuillerées à soupe dans 1 litre et demi d'eau, à boire dans la journée, pendant trois semaines par mois. Stoppez pendant une semaine après les règles, et recommencez…

Dans le même temps et avec la même régularité, faites une friction avec la composition CELôm pendant une semaine et avec la composition FFFôm la semaine suivante, matin et soir : 20 gouttes à appliquer de la plante des pieds aux fessiers ; ces deux éléments associés aux hydrosols diminuent les bouffées de chaleur et toutes les perturbations liées à la ménopause !

Trois à quatre fois par an, aux changements de saison, faites une friction le matin avec 20 gouttes de la composition APHôm et une friction le soir avec 20 gouttes de la composition HARôm pour l'état général et le bon équilibre des énergies du jour et de la nuit.

Prenez 1/2 cuillerée à café par jour d'huile de germes de blé (vitamine E) pendant trois semaines, puis divisez la dose par deux et continuez.

Buvez beaucoup en dehors des repas avec les hydrosols cités ou encore le *bio T elimin* à raison de 6 gouttes dans une cuillerée de miel.

Revenez à une alimentation la plus saine possible et pensez aux cures de jus de légumes frais particulièrement reminéralisants (pour lutter contre l'ostéoporose).

Ajoutez des oligo-éléments, des minéraux et de la vitamine B sous forme de levure lyophilisée.

Faites une cure de chlorure de magnésium ou de sel de Nigari pendant une semaine par mois : mélangez 20 g dans 1 litre d'eau et buvez 2 cuillerées à soupe deux fois par jour.

Prenez le temps d'un bain chaud avec des HE décontractantes, 10 gouttes de lavande ou 5 gouttes de *soyance*.

Pratiquez respiration consciente, exercices physiques et détente chaque jour.

Prenez le temps de penser à vous : massages aromatiques, yoga, méditation, tai-chi et gym douce… Ce sont les règles d'or du bien-vivre.

Mycoses (champignons, candida albicans)

« Attrapés » de-ci de-là, les champignons disparaîtront avec quelques remèdes aromatiques. Lorsqu'ils surviennent à répétition, il est alors bon de revoir le terrain et de pratiquer à nouveau une hygiène de vie plus saine avec un drainage général à chaque changement de saison (voir « circulation » p. 104).

Traitement d'urgence

Appliquez deux à trois fois par jour sur les mycoses 10 à 20 gouttes de composition FFFôm ou d'HE tea tree ou laurier, nature ou diluée dans de l'huile de germes de blé.

Appliquez ensuite en alternance :

- le matin : la composition FFFôm sur toutes les parties à traiter ;
- le soir le mélange suivant : 30 ml d'huile de germes de blé, 20 ml d'huile de millepertuis, 5 ml d'HE géranium, 2 ml d'HE girofle, 5 ml d'HE tea tree, 1 goutte d'HE rose.

Si vous ne possédez aucun de ces mélanges, commencez avec des applications d'HE lavande deux fois par jour ou mieux encore HE lavande et cajeput à parts égales.

Faites une purge avec une cuillerée à soupe de magnésie San Pellegrino le soir au coucher et buvez 1 litre et demi d'eau ou d'infusion au choix dans l'heure qui suit.

À noter

En Bretagne, contre les mycoses et les vers, les grands-mères préparaient de la décoction de tanaisie macérée dans du vin blanc et donnaient au printemps un petit verre à liqueur de cette « potion » aux enfants et aux plus grands.

Odorat (perte de l')

L'expérience m'a prouvé que l'utilisation régulière des huiles essentielles, tant en diffusion qu'en friction, permettait de stimuler les fonctions olfactives, en les « réveillant » peut-être ! Il est possible d'obtenir des résultats tant qu'il n'y a pas de problème mécanique, à la suite d'un accident ou d'une formation congénitale.

Traitement de fond

Branchez régulièrement un diffuseur d'arômes avec des mélanges toniques le jour au bureau ou à la maison, et des compositions calmantes le soir.

Appliquez la composition RESôm le matin et la composition HARôm le soir en friction avec 20 gouttes sur le plexus solaire, la nuque, la base de la colonne vertébrale et la plante des pieds.

Ajoutez 5 cuillerées à soupe d'hydrosol de sarriette, romarin, menthe, d'origan, eucalyptus ou hysope dans le litre et demi d'eau de boisson journalière.

Ajoutez régulièrement des huiles essentielles dans la cuisine comme celles de basilic, carvi, cumin, genièvre, coriandre, muscade, citron, mandarine, d'estragon ou orange.

Prenez 2 à 3 thés aromatiques par jour au minimum avec 6 gouttes au choix des huiles essentielles suivantes : menthe, cannelle de Sumatra ou de Ceylan, pin ou sapin, orange, mandarine, bergamote.

Prenez une goutte d'HE basilic trois fois par jour, posez sur la main et lapez ; appliquez cette même HE autour des oreilles, quelques gouttes suffisent (et surtout pas dans l'oreille), l'HE de basilic est utile également contre les surdités passagères.

Traitement complémentaire

S'il y a eu des traitements médicamenteux spécifiques à la suite desquels la perte de l'odorat est survenue, je vous conseille de faire un traitement de drainage de l'organisme, avec nettoyage du foie et de la vésicule biliaire, nettoyage de la circulation et des reins, puis de revenir à une alimentation sans déchets ni toxines avec des compléments alimentaires de revitalisation.

À noter

La perte de l'odorat entraîne indifférence et lassitude générale, manque de désir sexuel, et diminution de l'intérêt dans tous les domaines. En effet, la fonction olfactive réglerait la sexualité, l'appétit et l'ouverture d'esprit. En vieux français, olfaction se disait « odoration » et avant toute célébration du culte, dans la plupart des religions, des arômes étaient (et sont toujours) diffusés...

Encens, herbes, essences, huiles aromatiques, certaines odeurs attireraient le bien, d'autres protégeraient du mal, d'autres encore repousseraient les mauvais esprits, d'autres encore nous garantiraient les faveurs des dieux ou faciliteraient communication et harmonie.

Ongles cassants

Traitement

Faites une cure d'huile de germes de blé à raison de 1/2 cuillerée à café par jour à ajouter dans les aliments pendant cinq à six semaines.

Trempez vos ongles chaque soir dans un bol contenant de l'huile d'olive, de l'huile de germes de blé et 5 gouttes d'HE citron.

Faites une cure de jus de légumes frais reminéralisants et d'oligo-éléments directement assimilables par l'organisme (compléments alimentaires).

Utilisez en complément, le matin, les compositions APHôm, VIT, RESôm ou MINôm selon vos besoins du moment et le soir, NERôm ou HARôm pour augmenter la vitalité de votre organisme : 20 gouttes en friction sur le plexus solaire, la nuque, la base de la colonne vertébrale et la plante des pieds.

Parasites intestinaux (oxyures, colibacillose)

Un des fléaux de notre siècle est la constipation (voir « constipation » p. 111). Savez-vous que le corps garde jusqu'à quarante jours des matières desséchées dans les intestins ? L'hygiène et la propreté intestinales sont les premiers facteurs de prévention des parasites intestinaux. Plantes laxatives, Chlorumagène, magnésie San Pellegrino (vendus en pharmacie) ou huile de ricin, irrigation colonique ou lavements pour nettoyer drastiquement les intestins sont vivement conseillés aux sujets prédisposés aux parasites intestinaux. De plus, on sait maintenant que le ventre serait notre premier cerveau : lorsque l'on rumine dans sa tête, on rumine déjà dans le ventre !

Traitement d'urgence

Le soir, prenez une cuillerée à soupe de magnésie San Pellegrino, de Chlorumagène ou d'huile de ricin (voir p. 62).

Le lendemain matin, prenez 1 goutte du mélange vermifuge suivant : HE bergamote, tanaisie, sassafras, cannelle et carvi à parts égales trois à cinq fois dans la journée, et ce pendant trois à cinq jours.

Faites une friction avec la composition DIGôm trois fois par jour après les repas, en frictionnant l'abdomen avec 20 gouttes de composition dans le sens des aiguilles d'une montre : l'HE carvi seule peut être également utilisée (moins efficace).

Au moment des frictions DIGôm, prenez 1 goutte de composition DIGôm, posez sur la main et lapez, – ou 1 goutte du *bio T digest* tout prêt !

Prenez 1 goutte d'HE tanaisie, trois fois par jour, en dehors des repas.

Dans le litre et demi d'eau de boisson journalière, ajoutez 3 cuillerées à soupe d'hydrosol d'estragon, origan, de tanaisie, sarriette ou thym avec 2 cuillerées à soupe d'hydrosol de menthe.

Faites chaque matin pendant trois à six semaines, une friction sur la nuque, le plexus solaire, la base de la colonne vertébrale et la plante des pieds avec 20 gouttes de composition APHôm, antiseptique puissant.

En cas de colibacillose

Faites une cure des compositions RESôm et APHôm en alternance, à raison de 20 gouttes en friction sur la nuque, le plexus solaire, la base de la colonne vertébrale et la plante des pieds, matin et soir, pendant trois à six semaines.

Prenez trois fois par jour 1 goutte de composition APHôm ou d'HE origan, pendant six à huit semaines. On peut remplacer la goutte d'HE origan à boire (extrêmement caustique) par l'application de 6 gouttes d'HE origan sur la plante du pied.

Faites une cure d'hydrosol d'origan, de sarriette, tanaisie, menthe ou thym à raison de 5 cuillerées à soupe par litre et demi d'eau, à boire dans la journée.

Consultez votre médecin holistique afin de suivre un traitement de terrain avec drainage du foie, de la vésicule biliaire et du sang.

Traitement complémentaire

Mangez le plus légèrement possible : fruits en dehors des repas, jus de légumes en apéritif et graines germées dans les crudités.

Buvez beaucoup d'eau en dehors des repas, avec vos hydrosols préférés.

Supprimez fromages, produits laitiers et tous produits animaux pendant au moins trois mois.

Ajoutez à profusion des herbes aromatiques fraîches et de l'ail quotidiennement.

Prenez un bain chaud relaxant le soir avec 10 gouttes d'HE lavande calmante, ou 5 gouttes d'HE genièvre délassante. Simplement, massez-vous le corps avec ces mêmes huiles essentielles diluées dans une huile végétale.

Peau : beauté de la peau, couperose, rides, vieillissement prématuré

Nous avons l'habitude de parler de différents types de peau. En ce qui concerne l'aromathérapie et la peau, nous avons uniquement un traitement de base, ré-gé-né-ra-teur ! Des conseils complémentaires sont à suivre pour obtenir un bon résultat. Nous rappelons qu'ils sont communs à tous les types de peaux, qu'elles soient sensibles, ternes, dévitalisées ou grasses… Savez-vous que tout ce que nous mettons sur la peau devrait pouvoir se manger et votre beauté dépend de ce que vous mangez : c'est la beauté qui se mange ou mangez la beauté[16].

16. Lire *L'aromathérapie beauté* du même auteur, Éditions 5 ml, 2007. Une version 2013 est téléchargeable gracieusement sur le site www.nellygrosjean.com.

Pour toutes peaux à revitaliser

Traitement d'urgence et d'entretien

Nettoyez le visage avec la composition remarquable appelée e*ve*, une composition d'huiles végétales et d'HE benjoin.

Appliquez dans l'ordre matin et soir sur la peau nettoyée :

- un hydrosol de lavande, de romarin ou d'églantier comme tonique floral ;
- 5 à 7 gouttes de composition booster *elleonore* (ou *ettore* pour les hommes) à appliquer en tapotant le visage : c'est le concentré actif, l'équivalent d'une ampoule « coup d'éclat », le superrégénérateur tissulaire ;
- le *sérum five*, qui contient 5 % d'HE rose sauvage, remplace toutes les crèmes de jour et de nuit.

Une légère desquamation de la peau peut intervenir au cours des dix premiers jours : c'est normal, toutes les cellules en voie de disparition vont voir leur processus d'élimination s'accélérer. La peau redevient fine, souple et belle. Pendant cette période, appliquez plusieurs fois par jour *soyance* en alternance avec *sérum five*.

Traitement complémentaire

Pour une beauté au naturel et une régénération de la peau :

Buvez 1 litre et demi d'eau par jour au minimum dans lequel vous ajoutez :

- 5 cuillerées à soupe d'hydrosol de sauge, d'armoise ou de cyprès (pour les couperoses) ou *bi Ô circul ;*
- 5 cuillerées à soupe d'hydrosol de genièvre ou de sureau (pour les peaux souffrant de rétention d'eau) ou *bi Ô soupl ;*
- 5 cuillerées à soupe d'hydrosol de romarin, sauge ou sarriette (pour les peaux fatiguées) ou *bi Ô tonic ;*

- 5 cuillerées à soupe d'hydrosol d'origan, eucalyptus, de géranium, romarin ou *bi Ô elimin* (pour les peaux grasses et séborrhéiques).

Prenez régulièrement des compléments alimentaires à base de levure alimentaire lyophilisée (vitamine B), de l'huile de germes de blé (vitamine E) et des plantes spécifiques pour la beauté de la peau, de l'huile de carotte, bardane, cameline, noisette, chanvre ou d'abricot.

Prenez un bain chaud court et décontractant le soir, avec 10 gouttes d'HE lavande (pour détendre) ou diluez dans de la poudre de lait 1 goutte d'HE néroli (pour dormir merveilleusement), 5 gouttes d'HE romarin (pour tonifier) ou 5 gouttes d'HE santal ou ylang-ylang (pour adoucir).

Prenez une douche fraîche le matin suivie d'une application d'huile aromatique pour le corps aux HE rose et romarin (tonique) ou aux HE rose, géranium et menthe (rafraîchissante), ou encore les huiles corporelles *roma* (rose et géranium), *cocoonino* (rose et lavande), *in salah* (rose et néroli), *kuala* (rose et marjolaine) ou *so you* (rose et camomille).

Faites des exercices de respiration profonde, au moins cinq minutes le matin et le soir, et réservez-vous un moment de détente chaque jour.

Privilégiez une alimentation saine, exempte d'alcool, de café, thé, sucres et charcuteries, à base de fruits en dehors des repas, de jus de légumes en apéritif, et préférez une alimentation vivante : c'est ce que font les superstars top model avant leur show.

Un jour par semaine, prenez pour toute nourriture 1 à 2 litres de jus de légumes, si possible frais.

Veillez toujours à une bonne élimination intestinale, le ventre serait notre premier cerveau.

Peaux grasses et acnéiques[17]

Le nettoyage du foie et de la vésicule biliaire est conseillé : consommez radis noir et artichaut, en jus, en gélules ou en ampoules…

Veillez particulièrement au nettoyage des intestins (« le premier cerveau »), qui est en grande partie à la base des problèmes d'acné : nettoyer les intestins est indispensable pour retrouver une belle peau… Essayez la cure de chocolat pour augmenter les boutons d'acné et vous comprendrez l'importance de l'alimentation et du nettoyage des organes foie, vésicule biliaire et intestins : tous les ados l'ont remarqué !

Les hydrosols spécifiques à utiliser en lotion contre l'acné et les peaux grasses : cèdre, thym et lavande ou cèdre seul.

L'huile essentielle de rose est, depuis des siècles, considérée comme le revitalisant « numéro un » de la peau : c'est un puissant activateur de la régénération cellulaire. Associant l'huile de germes de blé, riche en vitamines E et l'huile de millepertuis qui accélère la circulation sous-cutanée, la composition appelée *sérum five* est un produit régénérateur et revitalisant qui convient à toutes les peaux.

Vous avez l'impression d'une peau « chargée » : faites une fumigation avec quelques gouttes d'HE genièvre, appliquez hydrosol de cèdre ou genièvre et lavande en lotion, tapotez la friction rejuvénante *elleonore* (ou *ettore* pour les hommes), puis appliquez l'huile aromatique au romarin, géranium et à la rose ou le sérum *soyance* ou *enzo*. Les ados préfèrent *enzo,* plus frais.

17. Voir « acné » p. 81.

Peaux couperosées

Utilisez les eaux aromatiques d'églantier, armoise ou de sauge (pas de sauge pour la femme enceinte), les compositions booster *elleonore* (ou *ettore* pour les hommes) et *sérum five* ou *enzo.*

En traitement interne, faites une cure pour la circulation sanguine pendant trois à six semaines (voir p. 104).

Peaux sèches

Faites une cure d'huile de germes de blé (vitamine E naturelle) en traitement interne, à raison d'une cuillerée à café deux fois par jour dans l'alimentation.

Appliquez régulièrement booster *elleonore* (ou *ettore* pour les hommes), sérum *soyance* ou *after hours*, et l'hydrosol de camomille, lavande, rose ou églantier en lotion.

Peaux ridées

Voir « rides » p. 185.

Taches brunes

Elles arrivent soudainement à l'âge de 55 ans, plus ou moins selon les types de peau. Elles sont appelées aussi « taches de vieillesse », « fleurs de cimetière » ou plus scientifiquement « lentigos ».

Appliquez régulièrement la composition booster *elleonore* (ou *ettore* pour les hommes) et *sérum five* pour régénérer la peau du visage et du corps, ou encore appliquez de l'HE citron (qui fonctionne dans 50 % des cas environ) ou l'HE rose.

Ajoutez un traitement « *lightime 1310* », une composition remarquable à base d'HE rose, géranium et d'extrait de dattier du désert (consultez le site *whiteningbionatural.com*, totalement écocosmétique).

À noter

> **Chaque huile essentielle a ses spécificités mais il n'existe pas d'huile essentielle spécifique pour traiter les taches brunes.**
>
> **Une nouvelle méthode venant des États-Unis appelée *Aroma Cupping*[18] utilise les ventouses animées pour oxygéner les couches sous-cutanées, réduire les cicatrices, redonner de l'élasticité à la peau et effacer ridules et rides en quelques séances. Le *process* stimule et réactive le système lymphatique. Les chirurgiens esthétiques utilisent *Aroma Cupping* avant et après les opérations pour favoriser les cicatrisations et éviter les chéloïdes.**

Pieds (chauds, glacés, fourmillements, transpiration excessive)

Tous ces petits maux proviennent de problèmes circulatoires pour lesquels vous trouverez les recettes en p. 104 (« circulation »). Nous signalons ici uniquement les remèdes d'urgence spécifiques.

Pieds chauds et/ou glacés

Faites une friction matin et soir sur les pieds et les jambes avec la composition FFFôm ou le mélange HE lavande, sauges et menthe douce, à parts égales.

Dormez avec les jambes légèrement surélevées.

Utilisez une balle de golf ou un roller pour masser vos pieds avant le coucher.

Prenez, avec du gros sel gris, un bain de pieds chaud puis glacé ; alternez deux à trois fois, chaque soir.

18. Voir le site : www.massagecupping.eu

Pratiquez à nouveau et progressivement l'exercice physique (gym douce).

En cas de pieds chauds uniquement, faites une friction des jambes à l'hydrosol de menthe ou encore quelques gouttes d'HE menthe douce en application directe sur les jambes.

Fourmillements

Suivez le même traitement que pour les pieds chauds.

Faites une cure de fer assimilable pendant six semaines (Floradix ou Ferola).

Faites des séances de massage et de rééquilibrage énergétique.

Faites une cure pour la circulation (voir p. 104) pendant trois semaines, puis une semaine par mois.

Transpiration excessive

Appliquez deux fois par jour 20 gouttes de composition FFFôm, ou simplement le mélange à parts égales HE menthe douce et lavande ou lavandin sur les pieds.

Buvez 1 litre et demi d'eau avec 5 cuillerées à soupe d'hydrosol de sauge chaque jour ou de *bi Ô circul.*

Veillez à une alimentation saine, exempte d'excitants, de féculents et de sucres. Privilégiez les jus de légumes en apéritif et les fruits au petit déjeuner.

Pipi au lit (énurésie)

Chez les adultes, la faiblesse du système nerveux et/ou un traitement médicamenteux peut amener des incontinences passagères.

Traitement d'urgence

Prenez 1 goutte d'HE cyprès trois fois par jour ; posez sur la main et lapez.

Faites une cure d'huile de germes de blé à raison de 1/2 cuillerée à café par jour pendant six à huit semaines, puis diminuez la dose progressivement.

Faites chaque matin une friction avec la composition APHôm : 20 gouttes sur le plexus solaire, la nuque, la base de la colonne vertébrale et la plante des pieds, pour les enfants de 3 à 12 ans, frictionnez seulement 10 gouttes à diluer dans une huile végétale de votre choix.

Faites une friction identique le soir avec la composition NERôm, avant le dîner et avant le coucher (seulement 10 gouttes à diluer dans une huile végétale pour les enfants).

Faites une cure de gélules d'huile de millepertuis pendant trois semaines.

Traitement complémentaire

Prenez un bain chaud le soir avec 10 gouttes d'HE lavande ou 5 gouttes d'HE santal chaque fois que possible.

Faites des séances de relaxation, de sophrologie, de magnétisme ou de kinésiologie pour rechercher la cause.

Veillez à éliminer les excitants et les diurétiques.

Piqûres : insectes, serpents et venins

Traitement d'urgence

Pour toute piqûre légère (moustiques, fourmis, araignées, guêpes, abeilles...)

Appliquez quelques gouttes d'HE lavande ou frottez sur la piqûre trois herbes différentes que vous trouvez dans la nature, ou encore mettez quelques gouttes de votre urine sur la piqûre, ce sont des remèdes de grand-mère et ils fonctionnent !

Utilisez également le « stop moustique » *little camargue* de *biossentiel* en prévention et/ou en soin.

En cas de réaction dite « allergique » aux piqûres

Appliquez plusieurs fois le *little camargue* de *biossentiel*, il réduit également les œdèmes de Quicke, ou appliquez de l'HE lavande ; renouvelez l'HE lavande toutes les deux heures, et utilisez-la en compresse d'une heure chaque fois que nécessaire.

Ajoutez un cataplasme d'argile (voir p. 51), renouvelez toutes les trois à quatre heures.

Matin et soir, appliquez 20 gouttes de composition HARôm sur la nuque, le plexus solaire, la base de la colonne vertébrale et la plante des pieds : c'est un excellent « antiallergie ».

Serpents et venins

En l'absence d'un antivenin, appliquez immédiatement un cataplasme d'argile à renouveler chaque fois que la sensation de « brûlure » revient. L'argile tire les venins !

Appliquez 2 à 3 gouttes d'HE menthe entre chaque cataplasme.

Restez calme et bougez le moins possible.

Prenez 1 goutte d'HE menthe toutes les deux heures.

Poux, lentes

Traitement de base

Pendant une semaine, appliquez chaque jour 50 gouttes de la friction « antipoux » suivante sur le cuir chevelu, massez, et conservez toute la nuit ou au moins quatre heures avant de faire un shampooing doux.

Continuez le traitement une fois par semaine pendant trois à six semaines.

Composition anti-poux

HE camomille romaine, lavande fine, géranium rosat, sauge officinale (5 ml de chaque), 3 ml d'HE tanaisie, 1 ml d'HE origan.

Prostatite

Monsieur avance en âge et l'inflammation de la prostate pointe très souvent son nez. Trop d'excès alimentaires (boissons, repas lourds et gras), affaiblissement du terrain et voilà que l'inflammation se déclenche…

Traitement d'urgence

Posez sur la main et lapez 1 goutte (et jamais plus) d'HE thuya (sur ordonnance médicale) ou santal quatre à cinq fois par jour, pendant trois jours ; puis prenez pendant trois à six semaines 1 goutte du mélange HE santal, HE genièvre, HE santoline et HE thym, à parts égales, trois fois par jour.

Faites une cure de composition APHôm chaque matin, à raison de 20 gouttes à appliquer sur le plexus solaire, la nuque, la base de la colonne vertébrale et la plante des pieds.

Buvez 1 litre et demi d'eau par jour avec 5 cuillerées à soupe d'hydrosol d'origan, de sarriette ou genièvre ou de *bi Ô purify* en alternance.

Éliminez tous les aliments lourds à digérer ou riches en toxines, type plats cuisinés, viandes, fromages, sauces. Deux à trois jours de mise au vert, avec jus de légumes et crudités seront salutaires.

Réapprenez à respirer, faites de l'exercice physique, trouvez le temps de prendre un bon bain décontractant avec quelques gouttes d'HE lavande ou lavandin.

Massages aromatiques, relaxation et rééquilibrage énergétique concourent à un meilleur état général, lequel influence l'état, bon ou mauvais (inflammation), de la prostate.

Règles : règles douloureuses, difficiles, aménorrhées (absence de règles)

De la puberté à la ménopause, la femme du XXIe siècle est stressée par un rythme de vie rapide, perturbée par une alimentation souvent trop riche, et affectée fréquemment par une constipation quasi chronique : ces paramètres engendrent une grande partie des problèmes épisodiques liés aux cycles menstruels. Détente, nettoyage du trajet digestif et amélioration de la circulation sanguine par les huiles essentielles aident à régulariser l'ensemble des cycles.

En cas de douleurs prémenstruelles, faites une friction plusieurs fois par jour sur le bas ventre avec 10 à 20 gouttes de la composition HARôm ou HE lavande ou la composition FFFôm, cette dernière donnant les meilleurs résultats. Ça soulage radicalement.

Traitement de fond

Prenez la composition FFFôm pendant une semaine, alternez la semaine suivante avec la composition CELôm, à raison de 20 gouttes matin et soir sur les pieds, les jambes et les fessiers.

Buvez 1 goutte de composition CELôm trois fois par jour pendant six semaines, posez sur la main et lapez ; alternez chaque semaine avec 1 goutte de composition FFFôm et continuez pendant trois semaines, trois à quatre fois par an.

Buvez 1 litre et demi d'eau par jour avec 5 cuillerées à soupe d'hydrosol de sauge ou d'armoise ou de *bi Ô circul* en alternance. Faites une cure de trois à six mois minimum.

Supprimez viandes rouges, graisses animales, plats cuisinés et excès de fromages.

Ajoutez des jus de légumes frais en apéritif, des fruits en dehors des repas.

Buvez beaucoup d'eau ou du jus de citron sans sucre entre les repas.

Pratiquez trois minutes de respiration consciente, matin et soir, en faisant travailler la sangle abdominale.

Reprenez l'exercice physique progressivement, suivi d'une séance de relaxation.

Prenez un bain de pieds chaud-froid avant le coucher, avec une poignée de gros sel gris, suivi d'une application de composition FFFôm si les jambes sont lourdes.

Prenez un bain chaud le soir avec quelques gouttes décontractantes d'HE lavande, marjolaine ou néroli.

À noter

- **En cas de migraine, appliquez 5 à 7 gouttes de composition MIGôm ou HE lavande et HE menthe à parts égales, en friction sur les tempes.**
- **Il est courant de voir qu'après deux à trois cycles de ce traitement, les douleurs prémenstruelles diminuent, le cycle commence à retrouver un rythme normal, des règles inexistantes depuis plusieurs mois reviennent, les bouffées de chaleur diminuent, certains cas de frigidité dus à une mauvaise circulation sanguine s'améliorent et bien sûr les jambes lourdes, et l'irritabilité légendaire de certaines périodes du cycle aussi…**

Il semble que la composition MIGôm améliore la vision instantanément.

Rhumatisme : arthrose, arthrite, goutte, rétention d'eau

Un des maux du siècle, le mal des « adorateurs de fromage », de ceux qui ne font plus d'exercices, qui en général mangent trop et trop acide. Un mal qui se résout avec un ensemble de techniques de médecine naturelle et en premier lieu en transformant l'alimentation quotidienne ; pas très drôle, me direz-vous, mais très efficace !

Traitement d'urgence

Frictionnez ou massez les parties douloureuses avec les HE genièvre et lavande, ou la composition RHUôm, ou encore le mélange aromatique suivant : HE gaulthérie, HE genièvre, HE pin sylvestre, HE romarin et HE térébenthine, à parts égales.

Posez sur la main et lapez 1 goutte de la composition RHUôm ou d'HE genièvre quatre à cinq fois par jour.

Buvez régulièrement 1 litre et demi d'eau par jour avec 5 cuillerées à soupe d'hydrosol de genièvre ou de sureau ou de *bi Ô soupl*, ou encore une décoction diurétique type aubier de tilleul ou harpagophytum.

Prenez une fois par semaine une cuillerée de magnésie San Pellegrino le soir au coucher, buvez au moins 1 litre d'eau ou d'infusion dans la demi-heure qui suit.

Faites un à deux jours de monodiète aux jus de fruits frais ou jus de légumes.

Traitement complémentaire

Supprimez tous les produits laitiers : beurre, tous les fromages, yaourts et fromages blancs, crèmes, et bien sûr le lait.

Buvez chaque jour en apéritif un grand verre de jus de légumes, principalement céleri et fenouil.

Buvez au minimum 1, puis 2 ou 3 litres d'eau par jour avec des hydrosols de genièvre, sureau, menthe, sarriette ou d'origan ou *bi Ô soupl* au choix.

Appliquez deux fois par jour les compositions aromatiques suivantes, au choix ou en alternance : HE genièvre trois quarts et HE gaulthérie un quart ou composition RHUôm, à raison de 20 gouttes dans une cuillerée à café d'huile de millepertuis.

Prenez un bain chaud relaxant avec 10 gouttes d'HE lavande (calmante), 10 gouttes d'HE térébenthine (qui chauffe et fait transpirer) ou 10 gouttes d'HE genièvre (délasse et défatigue).

Sauna, hammam, massages aromatiques et exercices doux sont salutaires.

À noter

En période de crise, il convient d'être particulièrement strict sur l'alimentation légère, exempte de produits laitiers et pendant au moins trois semaines, il est bon de continuer le plan d'urgence : plus les toxines s'éliminent, plus « tout ce qui craque, crisse et coince » se libère.

Les frictions aromatiques ne « soignent » pas les rhumatismes, elles soulagent des douleurs et permettent d'éviter l'aggravation et de libérer progressivement le corps de ses acidités, ces toxines qui se logent souvent dans les articulations

chez les sujets prédisposés. Une bonne hygiène de vie améliore considérablement l'état général, renforce les autodéfenses et tend à diminuer le nombre et la gravité des crises « douloureuses » !

Rhume, refroidissement, grippe

Traitement préventif

Faites une cure de trois semaines à l'automne et au début de l'hiver : branchez un diffuseur avec des compositions respiratoires et faites une cure de friction RESôm comme ci-dessous indiqué.

Traitement d'urgence

Branchez un diffuseur d'arômes avec une composition respiratoire à base d'HE thym, romarin, eucalyptus, ou *respir'allegretto* nuit et jour.

Appliquez 20 gouttes de composition RESôm sur le thorax, le dos et la plante des pieds deux à quatre fois par jour.

Lapez 1 goutte sur la main de *bio T respir* ou d'HE eucalyptus trois fois par jour.

En cas de problèmes respiratoires répétitifs

Appliquez la composition RESôm, matin et soir à raison de 20 gouttes sur la nuque, le plexus solaire, la base de la colonne vertébrale et la plante des pieds.

Buvez 1 goutte de *bio T respir* trois à quatre fois par jour en lapant sur le dos de la main ou dans un verre d'eau chaude avec une cuillerée de miel.

Buvez des thés aromatiques agréables chaque jour, composés d'HE origan, pin ou sapin, cannelle, girofle et géranium, à raison de 1 goutte de chaque dans une grosse cuillerée de miel, le jus d'un citron pressé et un grand bol d'eau chaude. C'est prêt à déguster !

Voici d'autres mélanges aromatiques délicieux : HE pin ou sapin, HE mandarine, HE eucalyptus, 2 gouttes de chaque ; ou encore HE pin, HE eucalyptus et HE bergamote, 2 gouttes de chaque.

Branchez un diffuseur d'arômes avec les compositions respiratoires (eucalyptus, lavande, pin sylvestre ou *allegretto*), si possible une heure avant le coucher ou durant toute la nuit en période de « crise ».

Prenez un bain chaud le soir avec 5 à 10 gouttes d'HE lavande.

Faites une inhalation (voir p. 54) avec 5 gouttes d'HE pin baumier ou eucalyptus dans un bol d'eau chaude une à trois fois par jour.

Prenez le temps d'une série de bonnes respirations conscientes matin et soir, et quelques exercices physiques de déblocage de la cage thoracique (voir p. 42).

Pour faciliter l'élimination des expectorations, ajoutez du sirop de plantain, mettez-vous à la diète un jour ou deux, puis évitez pendant quelques jours sucres et sucreries, pains, riz, pâtes et féculents.

Veillez à une bonne élimination intestinale, sinon prendre le soir une infusion douce laxative ou une purge de Chlorumagène (voir p. 62) selon le cas.

En cas de grippe

Les grippes, dont les origines et les manifestations sont différentes de celles des rhumes, auront recours au même traitement dans la majorité des cas.

Lapez sur votre main 1 goutte d'HE ravintsara ou d'APHôm cinq à six fois par jour.

Frictionnez 5 à 6 gouttes d'HE origan sur la plante des pieds deux fois par jour plutôt que la goutte redoutable par voie interne : c'est notre antibiotique naturel, un superpuissant bactéricide.

Faites une cure de chlorure de magnésium (ou sel de Nigari), à raison de 20 g par litre d'eau : buvez 1/2 verre à eau toutes les trois heures pendant trois jours, puis matin et soir seulement pendant dix jours par mois.

Faites également une cure de dix jours de décoction de clous de girofle (voir p. 62). Elle assainit l'organisme, rafraîchit et permet d'éliminer les stases bronchiques. C'est un remède indien antiseptique et nettoyant.

À noter

> **Les huiles essentielles sont des bactéricides puissants qui stimulent les systèmes d'autodéfense de l'organisme. On ajoutera une cure de chlorure de magnésium (ou sel de Nigari).**

Rides

Traitement de cure antirides

Nettoyez soigneusement le visage avec la composition adoucissante et nourrissante *eve* puis appliquez en tapotant l'hydrosol de lavande, romarin ou d'églantier (eau florale de rose sauvage).

Appliquez matin et soir 5 à 7 gouttes de composition booster *elleonore* (ou *ettore* pour les hommes) en tapotant, c'est le coup d'éclat régénérateur assuré !

Faites suivre d'une application de *sérum five* ou *soyance*, compositions aromatiques antirides qui remplacent crème de jour et crème de nuit. Dans les dix premiers jours, il est possible que vous ressentiez une « desquamation », c'est normal ! Cette sensation de tiraillement cesse après quelques jours : toutes les cellules en voie de disparition s'éliminent plus rapidement, laissant la place à une peau plus souple. Ces produits aromatiques s'appliquent sur le visage, le cou, le décolleté et sur le corps – éviter le contour des yeux pour les peaux très sensibles. Le sérum *after hours* est le spécifique contour des yeux.

Aroma Cupping[19] est une nouvelle méthode américaine antirides associant ventouses animées et huiles essentielles aromatiques. De petites ventouses animées ravivent le système lymphatique et oxygènent les couches sous-dermiques. Résultats immédiats en trente minutes de séance associant *elleonore*, *sérum five* et *soyance* en fin de traitement. Remarquable également pour effacer les cicatrices et les chéloïdes. La méthode *Aroma Cupping* est utilisée par les chirurgiens esthétiques avant et après leurs opérations.

Ajoutez quotidiennement à vos salades 1/2 cuillerée à café d'huile de germes de blé (vitamine E).

Buvez un grand verre de jus de légumes en apéritif et faites un jour de monodiète au jus de légume par semaine.

Alimentation saine, respiration consciente, relaxation journalière, sommeil réparateur, air pur, yoga, méditation sont des facteurs dont il faut tenir compte pour la beauté et le rayonnement de la peau.

À noter

Ma cure antirides peut se faire régulièrement tout au long de l'année sans inconvénient. Des résultats étonnants se remarquent depuis plus de trente ans ! Certains chirurgiens plasticiens « holistiques » utilisent en pré et postcure de rajeunissement ces compositions aromatiques, principalement *sérum five* pour préparer la peau aux différentes opérations et *soyance* pour cicatriser et régénérer après l'opération.

On se souviendra que la peau est le miroir de notre corps, et que les « perturbations » montrées sur le visage sont le reflet de l'intérieur. La peau parle à celui qui sait regarder et décrypter.

19. Voir le site : www.massagecupping.eu

Stress

Pour supprimer le stress, le manque de tonus et la fatigue, pas besoin de s'automédicamenter à outrance. Une cure aromatique de cinq à six semaines vous redonnera illico punch et tonus en éliminant excitation, irritabilité et épuisement dus au stress.

Appliquez le matin la composition APHôm et buvez-en 1 goutte quatre fois par jour en lapant sur la main. Après trois semaines alternez APHôm et STRôm chaque semaine.

Appliquez avant et après le dîner la composition STRôm et lapez-en 1 goutte deux fois dans la soirée.

Pendant trois semaines, ajoutez dans 1 litre et demi d'eau 5 cuillerées à soupe d'hydrosol de mélisse, néroli, lavande ou de *bi Ô relax* en alternance chaque semaine, à boire dans la journée ; puis pendant trois semaines, 5 cuillerées à soupe d'hydrosol d'origan, de romarin ou menthe en alternance chaque semaine. Puis choisissez les hydrosols qui vous conviennent le mieux en fonction de votre état amélioré.

Pensez à faire une cure d'huile de germes de blé à raison d'une cuillerée à café par jour pendant trois semaines (ajoutez-la par exemple dans les salades). Pensez que l'alimentation a un effet immédiat sur le tonus et que la vitamine E nourrit la cellule nerveuse !

Branchez un diffuseur d'arômes dans votre chambre avec les compositions décontractantes : lavande, orange, marjolaine, petit grain ou *relax'passionata* et dans votre bureau avec des compositions toniques pour la journée ou *zen'pianissimo*.

Appréciez chaque jour un moment de repos ou de retour sur soi.

Le soir, prenez un bain chaud et court avec 10 gouttes d'HE lavande ou 5 gouttes d'HE lavande et 5 gouttes d'HE marjolaine, ou encore 5 gouttes d'HE lavande et 5 gouttes d'HE camomille, à diluer dans de la poudre de lait ou dans un shampooing neutre.

Alimentation la plus « crue » possible, relaxation et respiration consciente chaque jour, marche, golf ou exercice physique doux et pratiqué en plein air, jardinage (de plus, c'est à la mode !) : toutes ces nouvelles habitudes permettent de diminuer progressivement les effets du stress et de recouvrer dynamisme et joie de vivre. On se rebranche à l'univers avec les pieds nus sur la terre.

Buvez, en alternance dans la journée, les thés *bio T tonic* et *bio T relax*.

Tabagisme

Les huiles essentielles peuvent vous aider à vous sevrer. Alors ne remettez pas à demain votre envie d'arrêter ! Appliquez dès maintenant le programme suivant.

Prenez 1 goutte trois à cinq fois par jour d'HE sassafras (sur ordonnance médicale) : posez sur la main et lapez.

Appliquez 20 gouttes de la composition NERôm le matin et deux fois dans la soirée sur le plexus solaire, la nuque, la base de la colonne vertébrale et la plante des pieds.

Buvez deux à trois fois par jour le cocktail antitabac d'HE sassafras, marjolaine, lavande, géranium : 1 goutte de chaque à diluer dans une cuillerée de miel, ajoutez de l'eau chaude.

Respirez des huiles essentielles le plus souvent possible, au bureau, à la maison, dans la chambre avec des compositions relaxantes *harmony'adagietto* ou *relax'passionata*.

Prenez des bains chauds et relaxants en ajoutant les huiles essentielles décontractantes (HE lavande, marjolaine, néroli, petit grain) ou respiratoires (HE eucalyptus, lavande, pin ou sapin) avec 10 gouttes de l'une ou l'autre composition à mélanger dans une cuillerée à café de lait en poudre ou d'huile neutre pour le bain.

Ayez dans votre poche le *bio T relax* et prenez 1 goutte chaque fois que nécessaire.

Pensez à vous relaxer, faites de l'exercice physique – inscrivez-vous à nouveau à un cours de stretching, gym douce, yoga, tai-chi ou autre…

Trouvez un nouveau hobby qui vous attire et mettez en route une nouvelle passion. Tout est bon pour vous aérer la tête et vous faire oublier le tabac !

« Je suis heureux non-fumeur ! » devient ma nouvelle phrase[20].

Tendinite

Les personnes sujettes aux tendinites sont souvent des mangeurs et adorateurs de fromage, de charcuteries et d'aliments dénaturés, particulièrement acidifiants. Ce sont également des personnes qui oublient de boire de l'eau en quantité.

Traitement de « choc »

Appliquez trois à quatre fois par jour, sur la partie douloureuse, quelques gouttes d'HE lavande ou de composition VIT.

En cas de douleur extrême, faites un cataplasme d'argile qui soulage immédiatement.

Faites une cure de fer de trois à six semaines (Floradix ou Férola).

20. Lire *La méthode simple pour en finir avec la cigarette*, Allen Carr, Pocket, 2011.

Ajoutez une cure de chlorure de magnésium pendant une semaine par mois : 20 g dans 1 litre d'eau, boire 2 cuillerées à soupe deux fois par jour.

Pensez à boire beaucoup, ajoutez dans un litre et demi d'eau 5 cuillerées à soupe d'hydrosol de genièvre, sureau, menthe, d'origan, de *bi Ô soupl* ou *bi Ô purify* en alternance.

Prenez une cuillerée à soupe de magnésie San Pellegrino le soir, en période de crise, pour décongestionner l'inflammation.

Traitement complémentaire

Mettez-vous un à deux jours au « vert » : bouillon de légumes, jus de légumes, fruits et rien d'autre !

Ajoutez des décoctions d'aubier de tilleul ou d'harpagophytum, l'une ou l'autre en alternance pendant trois à quatre semaines.

Veillez à une alimentation crue et vivante : jus de légumes, fruits en dehors des repas, poissons, graines germées, suppression des fromages et de tous produits laitiers, des charcuteries, des viandes et des plats cuisinés dénaturés.

Pensez à faire les exercices de respiration consciente, car dans tous les cas ils améliorent l'oxygénation cellulaire et tendent à réduire les inflammations.

Les séances d'équilibrage énergétique, de shiatsu, de drainage lymphatique ou de massage métamorphique peuvent encore améliorer l'état général.

Pour guérir au plus vite d'une tendinite, le repos est bien sûr indispensable, les cataplasmes d'argile sont salutaires et prendre rendez-vous chez l'acupuncteur est un bon complément de soin.

Tétanos

On parlera en premier lieu de prévention, ce qui veut dire un état général au top de sa forme, grâce à l'application des dix règles d'or du bien-vivre et à une alimentation saine qui renforce le système immunitaire et diminue les risques de tétanos.

Traitement d'urgence

Appliquez immédiatement un cataplasme d'argile (voir p. 51) puis de l'HE menthe toutes les trois heures sur la blessure. L'argile fait « sortir » les infections et les inflammations

Prenez 1 goutte de composition APHôm ou d'HE menthe, cannelle de Sumatra ou origan, quatre à cinq fois par jour pendant une semaine puis seulement trois fois par jour pendant trois semaines ou les boire en thés aromatiques (voir p. 36).

Faites une friction chaque matin avec 20 gouttes de composition APHôm sur la nuque, le plexus solaire, la base de la colonne vertébrale et la plante des pieds.

Faites un à deux bains de siège par jour (voir p. 55).

Faites une cure de chlorure de magnésium ou de sel de Nigari à raison de 20 g dans 1 litre d'eau et boire deux fois par jour la valeur de 2 cuillerées à soupe pendant trois semaines, puis une semaine par mois (renforce les immunités naturelles).

Buvez *bi Ô purify* : 4 à 5 cuillerées à soupe dans 1 litre et demi d'eau par jour.

Torticolis

Traitement d'urgence

Mettez un foulard de soie autour du cou ou un coussin de grains de lavande chaud.

Appliquez 10 à 20 gouttes d'HE lavande ou de la composition NERôm deux ou trois fois par jour, ou encore de la composition RHUôm pour trois quarts et HE gaulthérie pour un quart.

Faites un cataplasme d'argile qui soulage immédiatement (voir p. 51).

Reposez-vous bien au chaud.

Traitement complémentaire

Mettez-vous un à deux jours au « vert » : bouillon de légumes, jus de légumes, fruits et rien d'autre !

Buvez deux fois 1 litre et demi d'eau avec 5 cuillerées à soupe d'hydrosol de genièvre, sureau ou de *bi* Ô s*oupl* en alternance.

Veillez à une alimentation crue et vivante : jus de légumes, fruits en dehors des repas, poissons, graines germées, suppression des fromages et de tous les produits laitiers, des charcuteries, des viandes et des plats cuisinés.

Pensez à faire les exercices de respiration, des échauffements, du stretching… et appliquez la composition VIT en friction avant et après les efforts physiques.

Prenez des bains chauds décontractants, avec 10 gouttes d'HE lavande ou genièvre.

Toux sèche ou grasse, trachéite

Traitement d'urgence

Branchez un diffuseur d'arômes avec des compositions aromatiques calmantes et respiratoires : HE lavande, pin sylvestre, sapin, pin baumier…

Faites une inhalation (voir p. 54) avec 10 gouttes du mélange suivant : HE pin baumier, sapin et bergamote ou HE camomille, pin et lavande, deux à trois fois par jour.

Préparez un thé aromatique avec HE pin baumier, sapin, bergamote ou marjolaine (2 gouttes de chaque) ou encore le *bio T respir*. Ou prenez trois à quatre fois par jour 1 goutte d'HE pin baumier, pin sylvestre ou sapin : posez sur la main et lapez.

Sucez des pastilles d'argile ou de propolis.

Faites matin et soir une friction avec les compositions NERôm ou RESôm, à raison de 20 gouttes sur le plexus solaire, la nuque, la base de la colonne vertébrale et la plante des pieds.

Traitement complémentaire

Mettez-vous un à deux jours au « vert » : bouillon de légumes, jus de légumes, fruits et rien d'autre… !

Buvez 2 à 3 litres d'eau mélangée à de l'eau aromatique : hydrosol de pin, d'hysope, *bi Ô purify* ou *bi Ô respir*, infusions, jus de citron pressé chaud sans sucre, avec du miel…

Veillez à une bonne élimination intestinale, sinon prenez un laxatif doux (jus de pruneaux, jus de reinette, concentré de figues, graines de lin, etc.).

Le sirop de bourgeons de sapin adoucit, le sirop de plantain fait expectorer.

À noter

Lorsque toux et trachéites sont à répétition, il convient de revoir l'état général et de modifier en conséquence ses (mauvaises) habitudes d'hygiène de vie. « Je tousse pour attirer l'attention » : une séance de décodage biologique permet de transformer ce message psychologique, une des causes possibles des toux à répétition.

Transpiration excessive, malodorante

Faites deux applications par jour sur les aisselles (10 gouttes) et les jambes (10 gouttes sur les pieds, cuisses et fessiers) avec un des mélanges suivants : HE lavande, sauge et cyprès à parts égales et quelques gouttes d'HE menthe ou la composition FFFôm ou encore la composition suivante : 50 ml HE lavande, 5 ml HE sauge, 3 ml HE menthe, 1 ml HE thym, 1 ml HE tea tree.

Spécifiquement pour les pieds malodorants : ajoutez abondamment quelques gouttes de FFFôm dans les chaussures chaque soir et faites un bain de pieds avec une grosse poignée de gros sel gris et 10 gouttes d'HE lavande ou d'HE lavande et de cyprès.

Prenez 1 goutte de composition FFFôm et MINôm en alternance chaque semaine ; posez sur la main et lapez, trois à quatre fois par jour.

Faites une cure de jus d'artichaut ou de radis noir pendant trois semaines pour drainer le foie et la vésicule biliaire.

Buvez beaucoup chaque jour en ajoutant dans 1 litre et demi d'eau 5 cuillerées à soupe d'hydrosols au choix : sauge, armoise, laurier, romarin, géranium ou encore *bi Ô circul.*

À noter

L'utilisation des huiles essentielles transforme l'odeur des cheveux, des aisselles, du sexe et des pieds. La zone du pied concentre les odeurs malodorantes chez les sujets au foie encombré, à la circulation sanguine paresseuse et à l'élimination

difficile. Éliminer, respirer des huiles essentielles, faire les frictions matin et soir, prendre des bains aromatiques concourent à améliorer les odeurs corporelles.

L'alimentation a une influence immédiate sur l'odeur corporelle : vous buvez du géranium, vous sentirez le géranium. Tous les Asiatiques trouvent que les Européens sentent le fromage : vous mangez du fromage, vous sentirez le fromage !

Les derniers rapports américains (juillet 2014) notent que l'utilisation régulière des déodorants corporels favorise les cancers de la peau et modifie les métabolismes d'élimination d'une manière dangereuse et que toutes les conséquences (fâcheuses) de leur utilisation régulière ne sont pas encore révélées !

Ulcère d'estomac, stomatite

Maladie de stress… Il suffit de se calmer et de changer son hygiène de vie. Il n'y a pas une huile essentielle spécifique aux ulcères d'estomac, mais il existe des remèdes de « bonne femme » ou de « grand-mère ».

Traitement d'urgence

Buvez trois fois par jour 1 cuillerée à soupe de jus de pomme de terre crue ou 1/2 verre de jus de pomme de terre lactofermenté en apéritif.

Préparez chaque soir 1 verre d'eau dans lequel vous ajouterez 1 cuillerée à café d'argile verte : laissez reposer la nuit et buvez l'eau le matin en laissant l'argile dans le fond du verre. Faites ce traitement pendant dix jours.

Faites matin et soir une friction avec 20 gouttes des compositions NERôm, HARôm ou HE lavande et marjolaine à parts égales, sur le plexus solaire, la nuque, la base de la colonne vertébrale et la plante des pieds.

Ajoutez 5 cuillerées à soupe d'eau aromatique de lavande, tilleul, mélisse ou camomille dans 1 litre et demi d'eau à boire dans la journée.

Prenez le temps de déjeuner et dîner… au calme et faites une friction avec 20 gouttes de DIGôm sur l'estomac et le ventre dans le sens des aiguilles d'une montre si vous êtes la montre, après chaque repas.

Pensez à dissocier les aliments (un aliment à la fois) et attendez d'avoir faim pour manger !

Traitement complémentaire

Prenez le soir un bain chaud décontractant avec 10 gouttes d'HE lavande, marjolaine, camomille ou néroli, à mélanger dans de la poudre de lait ou une base neutre.

Continuez l'eau argileuse pendant une semaine par mois.

Pratiquez la respiration consciente, la marche, le yoga, la relaxation et les massages.

Supprimez tous les aliments acidifiants, évitez les mauvais mélanges alimentaires et commencez chaque repas par un grand verre de jus frais de carotte avec la cuillerée à soupe de jus de pomme de terre crue.

Verrue, condylome, papillome

Traitement de base

Condylome, papillome

Appliquez deux fois par jour, et jusqu'à disparition complète, quelques gouttes d'HE thuya ou cyprès bleu (sur ordonnance médicale) ou encore d'HE citron.

Pour l'application de l'HE thuya, découpez un cercle de la taille du mal sur le pansement, mettez 2 à 3 gouttes de l'HE uniquement sur la verrue et non sur la peau saine : cette huile essentielle brûle la peau !

Verrue

On note que le nombre de verrues externes correspond à autant de verrues internes. Comme tous les problèmes de peau, les verrues sont le signe extérieur d'un désordre intérieur.

En traitement interne, faites un bon nettoyage du foie avec du jus de radis noir ou d'artichaut, en ampoules ou jus frais, et une cure de friction MINôm à raison de 20 gouttes sur le plexus solaire, la nuque, la base de la colonne vertébrale et la plante des pieds.

Ajoutez dans le litre et demi de boisson journalière 5 cuillerées à soupe d'hydrosol de romarin, menthe, laurier ou sauge officinale, pendant trois semaines. Alternez chaque semaine.

La plante de chélidoine fraîche appliquée trois ou quatre fois par jour donne d'excellents résultats ; dans ce cas, coupez la plante et appliquez directement le suc jaune sur la verrue, plusieurs fois par jour.

Les cataplasmes d'argile alternés avec l'application d'une des huiles essentielles citées donnent aussi de bons résultats.

Enfin, il existe des guérisseurs qui font « passer » les verrues comme par miracle et ça marche ! Ce sont les « passeurs de verrues ». En Suisse on dit qu'ils ont le « secret ».

Yeux gonflés

Qui n'a pas déjà eu les yeux gonflés au réveil ? Grâce à l'hydrosolthérapie, vous allez retrouver un regard frais et reposé !

Traitement

Appliquez des compresses d'hydrosol de camomille ou de bleuet sur les yeux pendant dix à quinze minutes plusieurs fois par jour et aussi souvent que nécessaire.

Veillez à boire beaucoup d'eau dans la journée en ajoutant des infusions diurétiques ou 5 cuillerées à soupe d'hydrosol de genièvre, de sureau ou de *bi Ô soupl* en alternance chaque semaine dans 1 litre et demi d'eau.

Si l'œil est rouge ou terne, appliquez la recette pour éclaircir les yeux : versez 2 à 3 gouttes de jus de citron frais dans chaque œil. Attention, c'est douloureux durant quelques secondes : la sensation de brûlure disparaît dans les quelques minutes qui suivent. C'est un remède ayurvédique qui redonne l'œil pétillant.

Attention : j'ai parlé de jus de citron frais et **jamais d'huile essentielle, quelle qu'elle soit, dans l'œil** !

En cas de contact accidentel d'huile essentielle avec l'œil, rincez abondamment à l'eau froide puis appliquez une huile végétale qui adoucit (huile de millepertuis, noisette ou d'amande).

Zona

Le zona est une dermatose virale fréquente due au même virus que celui de la varicelle.

Traitement

Faites une cure de composition HARôm en friction matin et soir sur le plexus solaire, la nuque, la base de la colonne vertébrale et sur la plante des pieds.

Appliquez HARôm ou HE camomille et lavande sur les parties à traiter, cinq à dix fois par jour (pour les peaux sensibilisées, diluez si nécessaire dans une huile végétale). L'application commence par le sommet de la tête en descendant jusqu'au menton à droite ou à gauche.

Branchez un diffuseur dans la chambre avec les compositions décontractantes : HE lavande, marjolaine, petit grain, camomille, orange ou la composition *relax'passionata*.

Buvez 1 litre et demi d'eau par jour avec 5 cuillerées à soupe d'eau aromatique de genièvre, sarriette, origan ou de *bi Ô purify*.

Supprimez tous les sucres et sucreries de votre alimentation, tous les excitants, tous les acidifiants : c'est indispensable !

Faites un jour ou deux de monodiète au jus de légumes, puis prenez l'habitude de consommer un grand verre de jus de légumes « apéritif » avant chaque repas. Les fruits frais doivent être consommés en dehors des repas.

Prenez le temps de respirer (au sens propre et figuré) et de vous détendre.

Prenez 1 goutte de composition RHUôm ou d'HE genièvre ou d'HE santal en alternance, trois fois par jour pendant trois semaines.

Faites une purge de magnésie San Pellegrino (voir p. 62) le premier soir de la crise.

Pour soulager les démangeaisons en période de crise : appliquez le sérum *soyance* plusieurs fois par jour sur les parties à traiter.

Les démangeaisons proviennent souvent d'un problème de circulation sanguine et/ou d'une mauvaise élimination rénale : il est toujours bon de faire une cure d'eau aromatique de sauge ou d'armoise en alternance avec les hydrosols de genièvre ou sureau à raison de 5 cuillerées à soupe pour 1 litre et demi d'eau, à boire dans la journée pendant cinq à six semaines.

À noter

Une cure de nettoyage naturopathique est vivement recommandée ; sachez que le zona peut s'atténuer considérablement, voire s'éliminer avec ces méthodes naturelles. Il existe également des guérisseurs ou des « passeurs » de zona. En Suisse on dit qu'ils ont « le secret ».

BIBLIOGRAPHIE

AUCLAIR M., *Le livre du bonheur*, Seuil, 2004.

BARDO B. et L. de : tous les ouvrages et planches de névraxologie.

BELLAICHE (Dr), *Traité de Phyto-aromathérapie*, Maloine, 1979.

BERNARDET (Dr), *La phyto-aromathérapie pratique*, Dangles, 1983.

BOUSQUET J., *Le monde fantastique de nos cellules*, Documents CNRI, 1984.

BRADEN G., *La divine matrice*, Ariane, 2007.

BREUSS R., *La cure Breuss : Régénération totale de l'organisme*, Labussière, 2006.

CARR A., *La méthode simple pour en finir avec la cigarette*, Pocket, 2011.

CARTON P., *Traité de médecine, d'alimentation et d'hygiène naturiste*, Maloine, 1931.

COLIN C., *Dictionnaire des herbes et des épices*, Denoël, 1981.

DEXTREIT R., *L'argile qui guérit*, Vivre en harmonie, 1993, et tous ses ouvrages.

GATTEFOSSÉ R.-M., *Aromathérapie, les huiles essentielles, hormones végétales*, Librairie des sciences Girardot et Cie, 1937.

HOLMES, *Perfums and Essential Oils*, Record, 1912-1913.

HUNT V., *Infinite Mind, Science of Human Vibration of Consciousness*, Malibu Pub., 1996.

JOYEUX H., *Changez d'alimentation*, Éditions du Rocher, 2014.

KNEIPP S., *Ma cure d'eau*, Société d'édition de la Basse Alsace-Strasbourg, 1965, et tous ses ouvrages.

KUHNE L., *La nouvelle science de guérir*, Cevic, 1978. Nouvelle édition aux éditions Godefroy en 2001.

LEPRINCE-RINGUET L., *Science et bonheur des hommes*, Flammarion, 2002.

MAC GAREY W.A, *Les remèdes d'Edgar Cayce*, Éditions du Rocher, 2003.

MARCHESSEAU P.-V. : tous ses ouvrages, autoédition.

MARTEL J, *Le pouvoir des mots... qui me libèrent*, Éditions Atma Inc., 2011.

MASIN J., *Milarepa*, Fayard, 1976.

METADIER J., *L'ionisation de l'air et son utilisation*, Maloine, 1978.

MONNIER M., *Graines germées, livre de cultures*, Vivez Soleil, 2004.

RIBOLLET J. (Dr), *La peau, miroir du corps et de l'esprit*, Gros Chêne, 1974.

SALMANOFF A., *Secrets et sagesse du* corps, La Table ronde, 1964.

SÉVELINGE (Dr), *Travaux. Aromathérapie vétérinaire*, autoédité, Bourg-de-Thizy.

THOMAR J.H.R., *Pratique de la cure de Breuss. Expériences, conseils et recommandations,* Véga, 2006.

TREBEN M., *La santé à la pharmacie du Bon Dieu*, Wilhelm Ennsthaler, 1992.

VALNET J. (Dr), *Aromathérapie*, Maloine, 1964, et tous ses ouvrages.

VINCENT L.-C., « Eau, bioélectronique, maladies, cancers », in *Revue Anthroposophique*, 1956.

VIOLET M., *Le secret des patriarches*, Le Courrier du Livre, 1979.

Bibliographie de l'auteur

Maigrir intelligemment, la cure détox, Éditions 5 ml, 2015.

Le Grand Livre de l'aromathérapie, Eyrolles, 2013.

Je soigne mon animal avec les huiles essentielles : chat, chien, cheval, oiseaux recettes d'aromathérapie, Ebook 2013.

L'aromathérapie beauté. La beauté qui se mange, Ebook 2013.

Recettes aromatiques d'urgence, Éditions 5 ml, 1999 et 2012.

L'aromathérapie beauté, Éditions 5 ml, 2007.

Aromathérapie vétérinaire, Guy Trédaniel, 2007.

L'aromathérapie naturellement, Éditions 5 ml, 2007.

Hydrosol mon ami, Éditions 5 ml, 2007.

Le carré des simples, Éditions 5 ml, 2007.

Mailgrir, gagner 10 000 par kilo perdu, Éditions 5 ml, 2006.

L'aromathérapie et la femme enceinte, Éditions 5 ml, 2005.

L'aromathérapie et les enfants, Éditions 5 ml, 2005.

Pour contacter l'auteur

Sites Internet : biossentiel.com et nellygrosjean.com

Adresses : La chevêche 13690 Graveson-en-Provence – France

Moulin de vies 2516 Lamboing – Suisse

Tous les droits d'auteur de Nelly Grosjean sont versés aux fondations qui œuvrent avec éthique pour le respect de la planète, pour les femmes et les enfants en difficulté à travers le monde.

Aide et protection des animaux et des forêts (www.fondationnellygrosjean.org).

Aide aux enfants d'Indonésie (Fondation Anak Suisse, France, Espagne et Indonésie www.anakbali.org).

Aide aux enfants de Birmanie (Fondation Myanmar, Royaume-Uni et Birmanie www.friendscm.org).

Aide aux enfants et femmes de Bolivie (Fondation Voix libres www. voix libres.org).

Aide et sponsoring : www.fondationnellygrosjean.org

Merci.

Avec joie et amour !

INDEX DES SYMPTÔMES

U

V

Y

Z

TABLEAU DE CORRESPONDANCE
symptômes/compositions préconisées

Symptômes	Compositions préconisées	
Abcès (furoncles, panaris)	APHôm	
Acné	*elleonore* *ettore* *soyance*	*bi Ô elimin* *bi Ô digest* *bio T elimin*
Aérophagie (ballonnement, fermentations)	DIGôm	*bi Ô digest* *bio T digest*
Allergie (sinusite, rhume des foins)	HARôm RESôm	*respir'allegretto*
Amincissement (embonpoint, obésité)	MINôm APHôm HARôm CELôm	*soyance* *bi Ô elimin* *bi Ô soupl* *bi Ô détox*
Angine	RESôm APHôm	*bi Ô purify*
Angoisse (anxiété, dépression, fatigue nerveuse)	NERôm *soyance*	*bio T relax* *bi Ô relax*
Aphte (dartre)	MINôm	*bi Ô purify*
Asthme (bronchite)	RESôm	*soyance* *bi Ô respir*
Blessures (ampoules, escarres, plaies)	*soyance*	
Brûlures	HE lavande + cataplasme d'argile + huile de millepertuis	
Calculs urinaires, biliaires, coliques néphrétiques	MINôm NERôm RHUôm	AMO *bio'soupl* *bi Ô soupl* *bi Ô elimin*

Symptômes	Compositions préconisées	
Cellulite	CELôm FFFôm	*bi Ô circul*
Cheveux (alopécie, chute, calvitie, cheveux dévitalisés, pellicules, séborrhée)	*big sur* *cap code*	
Cicatrices	*soyance* *elleonore* *ettore*	
Circulation (jambes lourdes, cellulite, varices)	CELôm FFFôm APHôm	*bi Ô circul* *bio T tonic*
Cholestérol	MINôm DIGôm,	*bi Ô détox* *bio T elimin* *bi Ô soupl* *bi Ô digest*
Cœur	HARôm APHôm NERôm	
Colite	DIGôm, HARôm,	*soyance*
Conjonctivite	*bi Ô purify* *bi Ô digest*	
Constipation (fermentations)	DIGôm, NERôm	*bio T elimin* *bio T digest* *bio T détox*
Courbatures	VIT RHUôm	
Crampes	NERôm HARôm RHUôm	CELôm FFFôm
Crise de nerfs (hystérie)	NERôm HARôm STRôm	
Cystite (vulvite, vaginite)	HARôm	*bi Ô circul*
Dents	HE girofle + hydrosol de sauge	

Symptômes	Compositions préconisées	
Dermatoses (eczéma, psoriasis, dépigmentation, taches brunes, démangeaisons)	NERôm RESôm HARôm STRôm *elleonore* ettore	*sérum five* *soyance* *bi Ô respir* *bi Ô soupl* *bi Ô détox* *bi Ô circul*
Diabète	MINôm APHôm	*bio T tonic* *bio T elimin* *bi Ô respir* *bi ô soupl*
Diarrhées (coliques)	APHôm DIGôm HARôm	
Douleurs	VIT RHUôm APHôm	
Engelures (crevasses, gerçures)	APHôm, NERôm	
Entorses, foulures	APHôm, NERôm	*bi Ô soupl* *bi Ô circul*
Épidémies (prévention des)	APHôm bio T Tonic	*Provence vivo* *respir'allegretto*
Fatigue (asthénies physiques, morales, nerveuses, sexuelles, musculaires, intellectuelles,)	APHôm NERôm RHUôm STRôm VIT *soyance*	*enzo* *bio T tonic,* *bio T relax* *Provence'vivo* *exotissimo* *bi Ô purify*
Fièvres	FFFôm APHôm HARôm	*misterioso* *Provence'vivo* *relax'passionata*
Foie	MINôm DIGôm	*bio T elimin* *bio T digest*
Frigidité	HARôm APHôm *soyance* *enzo*	*harmony'adagietto* *staccato* *bio T tonic*
Gingivite	APHôm	

Symptômes	Compositions préconisées	
Grippe	APHôm	
Grossir	APHôm NERôm HARôm	*soyance* *bio T tonic* *bi Ô purify*
Hématome	HE hélichryse + HE bois de rose	
Hémorragies	HARôm	
Hémorroïdes	APHôm, CELôm FFFôm	*bi Ô circul*
Herpès	APHôm	
Hoquet	HARôm	*bi Ô digest*
Hypertension	HARôm CELôm FFFôm	*bi Ô circul*
Hypotension	APHôm HARôm	STRôm VIT
Impuissance	APHôm CELôm FFFôm	*soyance* *enzo* *bio T tonic*
Insolation (coups de soleil)	HE lavande ou lavandin + hydrosol de menthe	
Insomnie	NERôm CELôm FFFôm	*bi Ô circul* *relax'passionata* *bio T relax* *bi Ô purify*
Intoxication	HE menthe + hydrosol de sauge + purge	
Leucorrhées	APHôm	*bi Ô purify*
Lumbago (sciatique)	RHUôm *bio' soupl*	*bi Ô soupl*
Maladies tropicales	APHôm DIGôm	STRôm NERôm
Mauvaise haleine	DIGôm	*bio T digest* *bi Ô digest*
Maux de tête (migraines, vertiges)	MIGôm CELôm	FFFôm *bi Ô circul*

Symptômes	Compositions préconisées	
Ménopause	CELôm FFFôm APHôm HARôm	*soyance* *bi Ô circul* *bi Ô méno* *bio T elimin*
Mycoses	FFFôm	*soyance*
Odorat (perte de l')	RESôm HARôm	
Ongles cassants	NERôm	
Parasites intestinaux	DIGôm APHôm RESôm	*bio T digest*
Peau	*elleonore* *sérum five* *soyance* *after hours* enzo eve roma kuala	*cocoonino* *in salah* *so you* *bi Ô circul* *bi Ô élimin* *bi Ô soupl* *bi Ô tonic*
Pieds (chauds, glacés, fourmillements, transpiration)	FFFôm	*bi Ô circul*
Pipi au lit	APHôm NERôm	
Piqûres	HARôm	
Poux	Composition antipoux	
Prostatite	APHôm	*bi Ô purify*
Règles	HARôm FFFôm CELôm	MIGôm *bi Ô circul*
Rhumatisme	RHUôm	bi Ô soupl
Rhume	RESôm APHôm	*bio T respir* *respir'allegretto*
Rides	*elleonore* *sérum five* *after hours*	*soyance* *eve* *respir'allegretto*

Symptômes	Compositions préconisées	
Stress	APHôm STRôm *relax'passionata* *zen'pianissimo*	*bio T tonic* *bio T relax* *bi Ô relax*
Tabagisme	NERôm *bio T relax*	*relax'passionata* *harmony'adagietto*
Tendinite	VIT	*bi Ô soupl* *bi Ô purify*
Tétanos	APHôm	
Torticolis	NERôm RHUôm VIT	*bi Ô soupl*
Toux	NERôm RESôm	*bio T respir* *bi Ô purify* *bi Ô respir*
Transpiration	FFFôm MINôm	*bi Ô circul*
Ulcère	NERôm HARôm DIGôm	
Varices	CELôm	
Vergetures	*elleonore* *ettore* *soyance*	
Verrue (condylome, papillome)	MINôm	
Yeux gonflés	*bi Ô soupl*	
Zona	HARôm RHUôm	*soyance* *relax'passionata* *bi Ô purify*

TABLEAU DE CORRESPONDANCE

compositions préconisées/ symptômes

Compositions préconisées	Symptômes		
bbs (bio'body synergies)			
APHôm	Abcès Amincissement Angine Circulation Cœur Diabète Diarrhées Douleurs Épidémies	Fatigue Fièvres Frigidité Gingivite Grippe Grossir Herpès Hypotension Impuissance	Leucorrhées Maladies tropicales Ménopause Parasites intestinaux Pipi au lit Prostatite Rhume Stress Tétanos
CELôm	Amincissement Circulation Crampes	Hypertension Impuissance Insomnie	Ménopause Règles
DIGôm	Aérophagie Cholestérol Colite Constipation Diarrhées	Foie Maladies tropicales Mauvaise haleine	Parasites intestinaux Ulcère
FFFôm	Circulation Crampes Fièvres Hypertension	Impuissance Insomnie Ménopause Mycoses	Pieds Règles Transpiration

Compositions préconisées	Symptômes		
HARôm	Allergie Amincissement Cœur Colite Crampes Crise de nerfs Cystite Dermatoses	Diarrhées Fièvres Frigidité Grossir Hémorragies Hoquet Hypertension Hypotension	Hystérie Ménopause Névralgie dentaire Odorat (perte de l') Piqûres Règles Ulcère Zona
MINôm	Amincissement Aphte Calculs	Cholestérol Diabète Foie	Transpiration Verrue
MIGôm	Maux de tête	Règles	
NERôm	Angoisse Calculs Cœur Constipation Crampes Crise de nerfs	Dermatoses Engelures Fatigue Grossir Hystérie Insomnie Maladies tropicales	Ongles cassants Pipi au lit Tabagisme Torticolis Toux Ulcère
RESôm	Allergie Angine Asthme	Dermatoses Odorat (perte de l') Parasites intestinaux	Rhume Toux
RHUôm	Calculs Courbatures Crampes	Douleurs Fatigue Lumbago	Rhumatisme Torticolis Zona
STRôm	Crise de nerfs Dermatoses Fatigue	Hypotension Hystérie Maladies tropicales	Stress
VIT	Courbatures Douleurs Fatigue physique	Hypotension Tendinite	Torticolis
Sérums « bio'aromatic »			
after hours	Peau	Rides	
big sur	cheveux		
cap code	Cheveux		
elleonore, ettore	Acné Cicatrices Dermatoses	Peau Rides Varices	Vergetures

Compositions préconisées	Symptômes		
enzo	Fatigue Frigidité	Impuissance Peau	
eve	Cheveux	Peau	Rides
sérum five	Dermatoses	Peau	Rides
soyance	Acné Amincissement Blessures Cicatrices	Dermatoses Fatigue Frigidité Grossir Impuissance Ménopause Mycoses	
Thés « bio'aromatic »			
bio T digest	Aérophagie Constipation	Foie Mauvaise haleine	Parasites intestinaux
bio T elimin	Acné Ammincissement	Constipation Diabète	Ménopause
bio T relax	Angoisse,anxiété Fatigue	Insomnie Stress	Tabagisme
bio T respir	Rhume	Toux	
bio T tonic	Circulation Diabète Épidémies	Fatigue Frigidité Grossir	Impuissance Stress
Odorations « bio'aromatic »			
adagietto	Frigidité	Tabagisme	
allegretto	Allergie	Épidémies	Rhume
exotissimo	Fatigue		
misterioso	Fièvres		
passionata	Fièvres Insomnie	Stress Tabagisme	Zona
pianissimo	Stress		
Provence'vivo	Épidémies	Fatigue	Fièvres

Compositions préconisées	Symptômes		
staccato	Frigidité Impuissance		
ATW			
bi Ô circul	Circulation Cystite Dermatoses Entorses	Hypertension Insomnie Maux de tête Ménopause	Peau Pieds Règles Transpiration
bi Ô détox	Amincissement Cholesterol Constipation	Dermatoses	
bi Ô digest	Aérophagie Cholestérol	Conjonctivite Constipation	Hoquet
bi Ô elimin	Acné Amincissement Cholestérol	Constipation Foie Ménopause	Peau
bi Ô meno	Ménopause		
bi Ô purify	Angine Aphte Conjonctivite Fatigue	Grossir Insomnie Leucorrhées Prostatite	Tendinite Tétanos Toux Zona
bi Ô relax	Angoisse, anxiété Stress		
bi Ô respir	Asthme Diabète	Dermatoses Toux	
bi Ô soupl	Amincissement Cholestérol Dermatoses Diabète	Entorses Lumbago Peau Rhumatisme	Tendinite Torticolis Yeux gonflés
AMO			
bio'soupl	Calculs urinaires et biliaires	Lumbago	

Dans la même collection

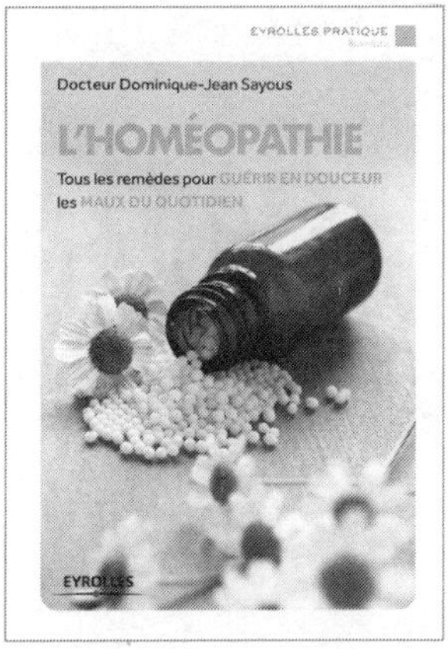

EYROLLES PRATIQUE
Catherine Ballot-Flurin
L'APITHÉRAPIE
Découvrez les bienfaits
des produits de la ruche
grâce aux recettes des apiculteurs
EYROLLES

EYROLLES PRATIQUE
Jean-Pierre Couwenbergh
LA LUMINOTHÉRAPIE
Toutes les techniques
pour PROFITER DES BIENFAITS
thérapeutiques de LA LUMIÈRE
EYROLLES

EYROLLES PRATIQUE
Gheorghi Grigorieff
L'ACUPUNCTURE
Des aiguilles à l'automassage
des points chinois
EYROLLES

Dominique Bourdin Sylvie Bourdin-Darsonval
EYROLLES PRATIQUE
La chromothérapie
EYROLLES

EYROLLES PRATIQUE
Françoise Colombo
LE YOGA
Fondements, postures
et exercices
EYROLLES

EYROLLES PRATIQUE
Philippe Gouédard
LE TAÏ CHI
Un programme en QUATRE SEMAINES
pour retrouver jour après jour
ÉNERGIE PHYSIQUE
et HARMONIE SPIRITUELLE
EYROLLES

EYROLLES PRATIQUE
Philippe Gouédard
LE QI GONG
Un programme modulable pour retrouver
jour après jour ÉNERGIE PHYSIQUE
et HARMONIE SPIRITUELLE
EYROLLES

EYROLLES PRATIQUE
Laurence Luyé-Tanet
LA MÉDITATION
Un ART DE VIVRE AU QUOTIDIEN,
pour LÂCHER PRISE et
retrouver le BIEN-ÊTRE dans sa vie
CD AUDIO
OFFERT
EYROLLES

Chez le même éditeur

Achevé d'imprimer par Normandie Roto Impression s.a.s.
sur papier offset Ambergraphic 90g
N° d'imprimeur : 1500919
dépôt légal : mars 2015

Imprimé en France